齋藤孝
Saito Takashi

60歳からの
生き方哲学

円熟した
大人の作り方

笠間書院

〈はじめに〉「円熟した大人」の作り方

〈二つの「新しい生き方」〉

２０２０年という年は、人類が不幸にも新型コロナウイルスと遭遇した忘れられない年になりました。

世界中、たくさんの人が感染し、残念ながら多くの人が亡くなっています。特効薬やワクチンはまだ開発段階です。いつどのような形で私たちにもその見えない脅威が降りかかってくるのか全く予断を許せません。

オリンピックを間近に控えたお祭り前夜の高揚感は一挙に吹き飛び、かけがえのない「当たり前」の日々の生活はあっという間に一変しました。この唐突感に戸惑いを覚えている人は多いと思います。

コロナが私たちに突きつけた教訓は様々ですが、やはり「世の中はますます見通しがきかなくなり、何が起きても不思議ではない」という感慨が筆頭ではないでしょうか。

カミュの小説『ペスト』が多くの人に読まれている理由は、読者がコロナ禍の中に不安と絶望を誘《いざな》う「不条理」を見出し、それと対峙《たいじ》するための心の処方箋《しょほうせん》を小説の中に探し求めているからかもしれません。

政府は「今までどおりの生活は戻ってこないだろう、『新しい生活様式』、『新しい生き方』を模索していかなければ」と公的レベルで私たちにライフスタイルの変化を促してきています。

一方、コロナのような外的要因に関係なく、そもそも何が起こるのか分からないのが人の一生です。「分からない」ことの第一番は自分の「死」でしょう。

誰も自分の死は見たことがないからです。

兼好法師は『徒然草』で「死は背後からやってくる」という意味のことを言っていますし、ドイツの哲学者ハイデガーも「死という運命は不意打ちする」というようなことを述べています。

世界中の老若男女に共通するコロナでの死の可能性が「集団的不安」だとすると、自分の寿命（宿命）から由来する極めて個人的な「個的不安」に対しても、そろそろ自分なりの「新しい生き方」を打ち立てていかなければなりません。

どういう星の巡《めぐ》り合わせか、**私たち60代は奇《く》しくも「集団的不安」と「個的不安」の問題が重なって来てしまい、コロナの「不条理」と自身の「寿命（宿命）」という二つの局面から「新しい生き方」の構築を要請されてきているのです。**AI、インターネットによる世界の激変もあり、先が見透《みす》かせません。

しかし、嘆いてばかりいてもしようがありません。

むしろ、私たちの世代は何かから選ばれ、今までにない新しい生き方を模索するという栄誉ある特別な任務を期待されていると考え直せば、逆にワクワクしてきませんか。

〈生きているだけで丸もうけ〉

世の中では「今や人生１００歳時代に突入！」と喧伝されていますが、私は、自分が60歳まで生きることができて、ラッキーだと思っています。

明石家さんまさんの座右の銘に「生きているだけで丸もうけ」というのがあるそうです。なるほど確かに、今ここに、当たり前のように生きていることだけで、奇跡的で、ありがたいことなのです。丸もうけなのです。

松下村塾を作った吉田松陰の『留魂録《りゅうこんろく》』や戦没学生たちの遺稿集『きけわだつみのこえ』を読んで、若くして死んだ若者の胸中に思いをはせるたびに、私は無念な気持ちでいっぱいになります。

死に方は生き方です。生き方は死に方です。死の考え方は生を鮮やかに照射します。

私も60歳を迎えました。私の生き方（＝死に方）は極めて単純明快です。

「死ぬのはやっぱり寂しいけど、まあこれで終わりでいいか」

「何かに没頭しているうちに、知らない間にお迎えが来ちゃった」

私の死の理想は、明るくカラリとした「．ｉｎｇ」の死です。

現在進行形の中で、好きなこと、やりたいことを続けていくうちに死ぬ。色々なことを同時にやっている中で、いつ死んだのかすら分からない。悔《く》いのない充実した人生を全《まっと》うする。

「これをやったら、いつ死んでもいい」

壇ノ浦《だんのうら》の戦いでの平知盛《とももり》の最後の言葉、「見るべきほどのことは見つ」（『平家物語』）の心境です。

それが私の望む自然な死に方で、同時に、私の望む自然な生き方です。

世界に冠する絵師、葛飾北斎の臨終の言葉は、

「せめてあと五年の命があったら、ほんとうの絵師になれるのだが（天我をして五年の命を保たしめば真正の画工となるを得べし）」

です。まさに「ｉｎｇ」です。この時北斎は九〇歳（卒寿）。辞世の句もこの世とあの世の切れ目がありません。

「人魂《ひとだま》で行く気散《きさん》じや夏野原（人魂になって気晴らしに夏野原に行こうか）」

『東海道中膝栗毛《ひざくりげ》』の作者十返舎一九《じっぺんしゃいっく》の辞世の歌もユーモアにあふれています。

「この世をばどりゃおいとまにせん香の煙とともに灰左様《はいさよう》なら」

また、勝海舟の最期の言葉は、

「コレデオシマイ」

でした。なんとも海舟らしい、人を食った言葉ですが、いかにもカラリとして気持ちがいい。

この人たちは私が理想としている「生き死に」の「カラリ」と「.ing」を体現してくれたお手本です。

死に方は生き方だと言いました。では、「.ing」感覚で、死ぬことを忘れ、死ぬ瞬間までの間、今からの60代はどのような「新しい生き方」をすればいいのでしょうか。

私がお勧めしたいのは「円熟した大人」の生き方です。

〈円熟と成熟の違い〉

円熟と成熟は違います。

成熟とは、技術や能力が上達して熟した状態のこと。

円熟は成熟よりランクがひとつ上で、成熟に「人格」が加わったイメージです。仏教用語でたとえると、円熟は「完成の境地に至った如来《にょらい》」で、成熟は「如来を目指して修行中の菩薩《ぼさつ》」と言えるでしょう。

人格と言われると、なんだか厳格すぎて自分には無理だと思われる方もいると思います。しかし、この本では、人格者とはいつもニコニコして柔和な人（上機嫌な人）のことを指し、それは誰でも「技」として習得できるものなのです。

私の人格者のイメージは、ゆったりとした「隙《すき》」があり、カラリと明るく飄々《ひょうひょう》とし、しかも叡智《えいち》のある人です。けっして難しいものではありません。

円熟の「円」は、図形の円形を一筆で描いた、禅の円相《えんそう》の「円」に通じます。「円」は、どこが始まりでもなくどこが終わりでもなく、永遠に柔らかい曲線が流れ続ける運動です。円は、丸く、満たされて、つまり円満。

ゲーテは人間の成長過程を「らせん」でイメージしました。

らせんは、円を描きながら、少しずつ上に向かっていきます。平面で単に円を描くだけでしたら、閉じられた空間における「行きつ戻《もど》りつ」の永久運動になって埒《らち》が明きません。しかし、**らせん運動は、円の運動を少し上に「ずらす」ことで、行きつ戻りつしながらも、上昇していくオープンな運動になります。**さすがゲーテは眼のつけどころが違います。

60代は、人生のらせん階段の上部に位置しているのです。

私は、**生涯の中で60代は人間としての最高の円熟期**だと考えています。

60年の歳月をかけて熟成され完成された精神性と知恵の頂点に立っているのが私たちの年代なのです。**人生の成果の甘露を収穫し、じっくり「味わう」ことのできる黄金の時間**でもあります。

あるいは、現役時代、仕事に忙殺されバラバラに「破片化」した人生を送ってきた人にとっては、自分の破片を一つひとつ拾い集め、ジグソーパズルの「円」のように丸く再統合し、**自分の「全体性」を取り戻せる最後のチャンスの「統合期」なのです。**

〈死ぬまで学ぶ〉

「円熟した大人」とはどのような人でしょうか。

それはまず、一生学ぶ姿勢を持った人です。この本を手に取っていただいた方は皆さんそういう人たちだと思います。

学びは「生」を輝かしいものにします。学べば年も取りません。

江戸時代の儒学者・佐藤一斎は『言志四録《げんししろく》』で「三学の教え」を説いています。

「少にして学べば、則《すなわ》ち壮にして為すこと有り。壮にして学べば、則ち老いて衰えず、老いて学べば、則ち死して朽《く》ちず」（『言志四録』佐藤一斎　岬龍一郎編訳　ＰＨＰ研究所）

学ぶといっても、苦労して学ぶというよりは、楽しんで学ぶのが円熟した大人の作法です。『論語』には「之《こ》れを知る者は、之れを好む者に如《し》かず、之れを好む者は、之れを楽しむ者に如かず」（『論語』齋藤孝訳　ちくま文庫）という言葉（「知好楽」）があります。**学びにおいても、楽しむ者にはかなわないのです。**

私は、**学ぶスタンスは「部活感覚」がいい**と思っています。部活は、学びに対して「真剣」と「娯楽」の中間という、ほどよい距離感を保つことができるからです。

円熟した大人は「学ぶ人」以外にどのような人なのかということは第1章以降順次詳しくご紹介していきますが、少しだけヒントを出しておきましょう。

円熟した大人とは次のような人です。

過去や現状にこだわらず軽々と変化できる「**シフトチェンジ力**」を持っている人。

腰と肚《はら》が据《す》わった自然体で「**身体感覚力**」を持っている人。

いつも笑顔で「場」を暖める「**上機嫌力**」を持っている人。

雑談の重要性を理解している「**大人のコミュニケーション力**」を持っている人。

「塩梅《あんばい》」「相場」「中庸《ちゅうよう》」を弁《わきま》えた「**添う力**」と「**ずらす力**」を持っている人。

身体性を生かした「**読書力**」を持っている人。

日本の伝統と日常感覚に基づいた「**美意識力**」を持っている人。

意志に裏付けられた「**孤独力**」と、あっけらかんとした「**ｉｎｇ**」の**死生観**を持っている人。

一見、盛りだくさんのように見えますが、実はこれらはバラバラではなく同じ一つのことを表しているのです。

60歳からの生き方哲学

〈目次〉

はじめに「円熟した大人」の作り方

第1章 60代はシフトチェンジする時期

第2章「身体感覚力」を取り戻す

第3章 上機嫌力

第4章 大人のコミュニケーション力

第5章　添う力

第6章　ずらす力

第7章 読書力

第8章　美意識力

第9章 美意識の巨匠たち

第10章「孤独力」と「.ing」の死生観

あとがき

〈第1章〉60代はシフトチェンジする時期

〈なぜシフトチェンジが必要か〉

「はじめに」で申しましたように、60代は、最高の「円熟期」、黄金の「収穫期」、最後の仕上げの「統合期」などの輝かしい称号がついている時期です。

しかし、それらの称号をよりいっそう確実なものにするためには、衰えを伴う厳しい現実的な変化にしっかりと向き合わなければなりません。

どうしても避けられない年齢からくる肉体的な変化（衰え）があります。

環境面では、定年退職に伴う働き方の変化、経済的な変化、社会的地位や役割の変化、家族や友人などとの付き合い方の変化などがあります。

こういった変化（衰え）は必然的に私たちに到来するのですが、逃げ出すわけにはいきません。ちゃんとした「向き合い」（受容）がない限り、私たちは一歩も先には進めません。

「向き合い」を終えたうえで、様々なシフトチェンジを駆使していく必要があるのです。

世の中が常に移り変わること（無常）は、どうすることもできない自然の摂理です。

無常という「大変化」を柔軟に受け入れ、寄り添いながらも、「小変化」を起こしながら、

したたかに生き抜く必要があります。

その「小変化」のための、ささやかですが効果的な努力と工夫の方法を「シフトチェンジ」と呼びたいと思います。

〈「コントロールできないもの」を見極める〉

定年退職で組織を離れると、肩書や地位がなくなり、プライドが傷つくことがあります。

しかし、退職やリタイアは社会システムの新陳代謝の問題であって、「自分が制御できる問題ではない」と認識をチェンジし、「見切る」ことが大切です。

人は必ずいつかは色々なことが思うようにできなくなります。「不完全」になるのです。心理学者のアドラーは「不完全である勇気を持て」と励ましてくれています。

システムの問題は生老病死《しょうろうびょうし》の問題と同様、自分でコントロールできないものです。

「自分がコントロールできるもの」と「自分がコントロールできないもの」を厳然と分けて、早く現実にアジャストし、折り合いをつける必要があります。

アメリカの神学者ラインホルド・ニーバーが伝えたという「ニーバーの祈り」という言葉があります。

「変えることのできないものを、受け入れる力を与えてください。変えるべきものを、変える勇気を与えてください。変えられないものと変えるべきものを区別する賢明さを与えてください」

「自分がコントロールできないもの」を受け入れると、人は楽になり、自ずと覚悟ができます。覚悟ができると、アイデンティティ（存在証明）が再編成されるとともに精神が安定し、悔《く》いが残らない明るい未来が開けてきます。

人生の大きな変化や必然的な衰えには自分の力でコントロールできないものがたくさんあります。それを自覚し、「見切る」勇気が必要なのです。

「プロ野球戦力外通告　クビを宣告された男達」というTBS系列のテレビ番組があります。視聴者は、若くして「君は要らないよ」といきなり宣告されるプロの世界の厳しさと残酷さを番組の中で感じると思います。

戦力外通告をされた選手の心の中に眼を転じると、自分の衰えを誰よりも自覚しているのは本人で、その自覚の勇気があったからこそ、自ら納得し、見切って、次の新しい人生にシフトチェンジできていることが分かります。

「まだできる」と思う選手は、プレーできる場所を探します。独立リーグへシフトチェンジする選手もいます。

私たちも自分の衰えや環境の変化に真摯《しんし》に向き合い、受け入れ、見切って、それからシフトチェンジに移っていきたいものです。

シフトチェンジとは、スムーズに物事を段階的に変速していくやり方です。一気に何かを激変させようとするものではありません。**動かしがたい巨大な変化（無常の世界）に寄り添いながら、それでもなんとか凌《しの》いでいく、小さいが意志的な「小変化」の仕掛けがシフトチェンジなのです。**

また、シフトチェンジという技は一種のアレンジです。

アレンジは最適なバランスをよしとし、中庸《ちゅうよう》の道を目指します。そしてアレンジは日本人が最も得意とするところです。

〈経済的人間から文化的人間へシフトチェンジ〉

ほとんどの人は現役時代、会社や組織などで経済活動を行なっており、否《いや》が応《おう》でも、多かれ少なかれ、「経済原則」にどっぷり浸かっていました。

経済原則とは「最小の経営資源の投入で最大の利益を上げる」、あるいは「競争原理と効率主義に基づく経済的生産性の追求」を意味します。

私たちは現役時代、バリバリ働いてライバルに負けない優秀な商品やサービスを作り出し（生産）、稼いできました。

資本主義の世界の中、私たちは、何かを生み出さない者は人として価値がないという幻想を共有してきました。この世界で生きている限り、良い悪いは別にして、意識的にも無意識的にも死ぬまで経済原則に支配されてしまいがちです。

しかし、60代にもなると定年を境にして経済原則の「濃い部分」は薄まり、落ち着いてきます。その機会を捉えて、経済原則から「文化原則」へシフトチェンジすることをお勧めします。「経済的人間」から「文化的人間」への移行への誘《いざな》いです。

文化原則と言うと、少し仰々《ぎょうぎょう》しく聞こえるかもしれませんが、サポーター的な立ち位置の文化的人間として、色々な文化を楽しみながら盛り上げていこうという、極めて自由でゆるめのルールのことを指します。

現役時代、経済的人間だった頃の私たちは「生産者かつ消費者」でした。60代では文化的人間として「創造者かつ享受者」にシフトチェンジしませんかという提案です。

〈「ミニ創造者」と「ミニ享受者」〉

60代において、創造者と言っても、今からプロの作家や音楽家、画家などの本格的な芸術家や文化人を目指しましょうという大げさなものではありません。

趣味で俳句や短歌、小説を投稿したり、自伝や日記を書いたりするのも立派な創造です。絵を描く、カラオケで歌を歌う、プラモデルを作る、ペットの世話をする、部屋の模様替えをする、新しく楽器を習って人前で演奏したりするのも堂々たる創造です。

私たちが目指すのは、どんな小さなことでもいい、何かしら文化的なものを自由に気軽に作

り出す「ミニ創造者」なのです。

次は「享受者」の話です。

60代での文化享受では、食事で言うと、どんな質素な食材でも丁寧に「味わう」ことを主眼とします。現役時代の文化享受では、食事で言うと、どんなご馳走《ちそう》であっても、必須な栄養を摂取するためだけの「嚥下《えんげ》」(飲み下し)ということになりがちでした。

多忙な現役時代、美術館などに行くとき、事前に忙しくガイドブックで勉強し、あわてて館内を回り、見たつもりで、有名絵画を「情報」として「こなした」というような経験が誰もがあると思います。しかし、それは「味わう」ことではなく、単なる「嚥下」にすぎません。

文化の享受では、腹の足しになるとか、栄養になるかとかを超えた地点で、どんな小さく些《さ》末《まつ》な対象物でも心で「味わう」ことが大切なのです。

本の読み方でも、じっくり味わう「味読《みどく》」という言葉があります。

私たちが享受者として理想とするのは、気ままに、自由に、欲張らず、一見取るに足らないものでもじっくり味わうことに満足する「ミニ享受者」です。享受者もミニで十分なのです。

さて、ここで「ミニ創造者」と「ミニ享受者」が出そろいました。どちらもミニです。

60代の文化的人間が目指すべきは「ミニ創造者」とともに「ミニ享受者」なのです。

〈文化の享受は「貢献」を生む〉

好きなアーティストのCDを買うという享受の行動は、そのアーティストに対して経済的貢献をしていることになります。また、そうすることによって、そのアーティストが将来もっといい楽曲を私たちに提供してくれる可能性を増やすことになります。

「CDを買う」というシンプルな行為一つ取っても、好きなアーティストに対して現在においては「貢献」し、将来においては「投資」していることになるのです。

お金のやりとりがなくても、人が作った料理をおいしそうに食べることだけでも、観客席で好きなアイドルに声援を送ることだけでも、また、SNSにブックレビューをあげるだけでも、大いに文化に貢献と投資をしています。

投資といっても、リターンは金銭ではなく、文化的満足感です。

貢献という考え方は、60代からの生き方において、ますます重要なキーワードになります。

人間は社会的動物です。原始の時代から、人間は共同体（部族やチーム）に自分をつなぎとめるために、共同体の利益に対し何らかの貢献を献上する必要がありました。狩りが上手だとか、子守りがうまいだとか、道具を作るのが得意だとか。共同体に対して何の貢献もなしえず、放《ほう》逐《ちく》まではされなくても仲間の信用を失い孤立することは、当時では死より恐ろしいことだったと思われます。

会社という内向きの共同体から離脱した者にとって、外側のもっと広い社会や世間に対して、何らかの貢献をしている実感は必ず欲しいところです。

文化の「ミニ創造者」兼「ミニ享受者」として世間に貢献をしているという感覚は、「自分にも居場所があるんだ」「自分にも存在する理由があるんだ」という満足感をもたらせてくれます。

世阿弥は「命には終りあり、能には果てあるべからず」と言っています。

文化や芸術の生命は人の人生より長い。応援している文化・芸術が自分の死後も連綿と続くことに思いをはせると、人生の後半期で文化に微力ながらも関わっているという事実は、永遠の安心感につながっていくのではないかと思われます。

〈ミニ創造者＋ミニ享受者＝ミニ創造享受者〉

旧来の経済の理論で言うと、「生産者」と「消費者」はお互いに別物で対立的な関係にあるとされてきました。

しかし、40年前、未来学者アルビン・トフラーが著書『第三の波』の中で「生産消費者」（プロシューマー／prosumer）という生産者（producer）と消費者（consumer）とを組み合わせた概念を作り、一躍話題になりました。

プロシューマーとは生産活動を行なう消費者のことを意味します。

当時はＤＩＹ（Do It Yourself）などがその例として挙げられました。生産者と消費者の融合が説かれ、生産しつつ消費し、消費しつつ生産する人間の出現が予想され、それが今では当たり前の現実になったのです。

文化における60代の「ミニ創造者」と「ミニ享受者」も同じ事情です。

この二者は便宜的に分けて論じてきましたが、**「ミニ創造者」と「ミニ享受者」も実はすでに融合しており、市民・大衆参加の文化の世界では、文化を創造しつつ享受し、文化を享受しつつ創造していることが常態なのです。**

第7章の「読書力」のところで詳しく述べますが、読書において「享受者」である読者は、著者と一緒に書物を作り上げている「創造者」でもあるのです。

トフラーのひそみにならうと、**「創造者」兼「享受者」のことを「創造享受者」と呼称してもいいかもしれません。私たちは皆「ミニ創造享受者」の候補者なのです。**

〈「贈り物」社会へシフトチェンジ〉

60代の文化の「ミニ創造享受者」は、今までの経済的社会からどの方面の生息域に向かってシフトチェンジすれば、より生きやすく、住みやすくなるのでしょうか。

それは「贈り物」（贈与）社会です。

ここでいう贈り物とは、物やお金のことではありません。**私たちができる主な贈り物とは、**

情報、知識、知恵、技能など形のないもので、具体的には、人に対する応援、賞賛、助言（世話焼き、おせっかい）などのことです。

経済的社会を卒業し、金銭的な余裕はないかもしれないが今まで蓄積した知恵と知識を持て余し気味の私たち文化の「ミニ創造享受者」にとっては、「贈り物」社会はうってつけの活躍の場所ではありませんか。

たとえば、退職した会社の後輩がアドバイスを求めてきたときには親切に対応してあげる。昔取った杵柄《きねづか》で、前職の知識を活かせるようなボランティア活動をする。本やＣＤなどで的を射たレビューを書く。ＳＮＳで詳細なコメント付きで「いいね」を言う。

「いいね」と評価をしてあげるだけでも、評価された人はうれしくなり、勇気をもらえます。上質な評価は一つの贈り物であり、将来何かを生み出す原動力になります。

ニーチェは「評価は創造である」と語っています。

〈「いいパス」を出す大人になる〉

人類学者マルセル・モースの著書に『贈与論』というのがあります。

その本の中でモースは、古代社会や原始社会では「贈与」という行為が、資本主義の貨幣を使った交換経済とは異なった形で、社会制度を活性化するということを説いています。

思想家兼武道家の内田樹氏が『評価と贈与の経済学』の中で次のような意味のことを発言し

ています。

「贈与経済というのは、要するに自分のところに来たもの（貨幣・商品・情報・知識・技能）を退蔵しないで、次に『パス』するということだ。人は贈り物をされると『お返し』をしないとどうも落ち着かない。これは贈り物だと受け取った人がそう思った瞬間に価値が生まれる。人のお世話（含おせっかい）をするということは、かつて自分が贈与された贈り物を時間差をもってお返しすること。反対給付義務の履行のことだ。そして、いいパスを出す人のところにボールは集まってくる」（『評価と贈与の経済学』内田樹　岡田斗司夫　徳間書店）

私たち60代は、現役時代のように得点をガンガン稼ぐストライカーではなく、次の世代を担う若いストライカーに対していいパス（贈り物）を送る名パサーの役割を喜んで担う時期に来ているのです。

若い世代が知らない古いもので、いいものはたくさんあります。

日本の古典文学、古典芸能、骨董、民芸品、昭和の歌謡曲、時代劇、漫画、老舗の店……。**若いときから自分が親しんでいた古いものの中に埋もれている価値を新しく発掘し、「温故知新の達人」となって、若い後輩に伝えるのも「パス＝贈り物」の一つです**。ここでは自分の「年の功」の見せどころです。

「いいパスを出す人のところにボールは集まってくる」というように、いい贈り物をし続けていたら、もっといい贈り物が自分の周りに自然に集まり、いい循環ができます。

出し惜しみせず、誰彼《だれかれ》となく、贈り物をすることが円熟期の行動原理の正解の一つです。

〈「競争」から「遊び」へシフトチェンジ〉

会社を定年退職するということは、「競争社会というバスから降りる」ということを意味します。市場経済の経済原則は、効率と利益と結果を追い求める競争社会を前提にしています。

思い返せば、生まれたときから、私たちは競争の荒海を泳いできました。

家庭しかり、学校しかり、会社しかり。兄弟姉妹間の小さな権力闘争から始まって、学校での勉強やスポーツの成績争い、会社での業績競争と役職の椅子取り合戦。優れた異性を獲得する意味では、恋愛も結婚もある種の競争です。

もちろん、競争には人や社会を向上させるポジティブ面もあります。しかし、私たちはやっとバスから降りたのですから、あとは「ミニ創造享受者」として、文化や芸術、自分の趣味などを題材にして、皆に贈り物をして貢献しながら、自由に気軽にゆるく社会とつながることを目指すのがいいと思います。

それには「遊び」の精神を学ぶ必要があります。

経済的競争社会には「結果がすべて」というところがあります。成績、業績、成功、地位、名誉、預金残高、一戸建ての自宅、すべて結果です。

一方、遊びでは結果よりプロセスが重要です。どこか目的地に到達することは大切ではありません。人生の歩みと一緒で、遊びのプロセスの一歩一歩、一瞬一瞬が完成品で、すべてなのです。

良寛は子供と遊んでいるとき、自分自身が子供のように無垢《むく》で融通無碍《ゆうずうむげ》な境地になることができました。「この里に手鞠《てまり》つきつつ子供らと遊ぶ春日は暮れずともよし」と詠《うた》っています。

芭蕉は連歌が大好きなうえに得意なので、皆で座になって句を作るプロセスを心から楽しみました。

『ホモ・ルーデンス』を書いたホイジンガは「遊びこそ、人間活動の本質である」と言い、『梁塵秘抄《りょうじんひしょう》』では「遊びをせむとや生まれけむ　戯《たはぶ》れせむとや生まれけむ　遊ぶ子供の声聞けば我が身さへこそゆるがるれ」と詠われています。

皆、遊びのための遊び、遊んでいること自体が楽しいのです。

禅には「只管打坐《しかんたざ》」という言葉がありますが、ただひたすら座禅に打ち込むという意味です。ただ座禅するだけで他に何も求めない、悟りも求めない、座禅一筋ということです。

「座禅のために座禅する」「座禅が座禅をする」。そして、自己を忘れる。

遊びも「遊びのために遊ぶ」「遊びが遊ぶ」と言いかえることができるでしょう。

〈遊びの4つの要素〉

『遊びと人間』の著者のロジェ・カイヨワは遊びを**「競争」「偶然」「模倣」「眩暈《めまい》」**の4つに分類しました。

カイヨワが言う「競争」とは、経済社会における生存競争とは違い、純粋なスポーツやゲームとしての競争のことを意味しています。それには、他者ではなく自分にチャレンジし、自己更新を目的とする「自分との競争」という要素が含まれています。

自分の力で自分を超えたときの自己コントロール感は、何物にもかえがたい至高の経験です。

次に「偶然」です。

予定調和的で決まりきった道筋を安全にたどる事態になったとき、人はたちまち倦怠感と退屈を感じ始めます。幸運にしろ不運にしろ、人は偶然がもたらしてくれる予想がつかない変化を、どこかで心待ちにする生き物なのです。

ガーデニングは、天候の変化という不確実性、つまり偶然があるから魅力的なのです。自然は人の思い通りにはならないところが面白い。

人間は、偶然による「思い通りにならないこと」までも面白がる動物です。運試しが好きなのです。マージャンのようなゲームが息長く生き残っているのは、競争と偶然の要素がほどよくブレンドされているからです。

「模倣」には「なりきる」という魅力があります。

私はよくカラオケで井上陽水さんの真似をして「なりきって」います。また、模倣は学習や稽古事において大変重要な意味を持っています。「まねる」ことは「まなぶ」ことにつながっているからです。

「眩暈」に関しては、シニアにお勧めできるのは運動系ではなく、鑑賞系でしょう。最近、ドローンの性能が大変よくなってきており、テレビなどで出てくる今まで見たことのない俯《ふ》瞰《かん》の映像が一種の「眩暈」的快感をもたらしてくれます。

〈「他者評価」から「自己評価」へシフトチェンジ〉

私たちは生まれた瞬間から、他者の評価にさらされています。

幼児の頃、もし母親に「かわいい」という無条件で本能的な評価が欠落していたら、たちまち生存の危機を迎えていたことでしょう。

学校生活では、学業成績の評価は大きく学校生活の質を左右します。友達からの評価・評判が芳《かんば》しくなかったら、思春期に必要不可欠な友情の喜びも得られず、下手をしたらイジメの対象になっていたかもしれません。

年頃になったら、異性の評価が死ぬほど気になり、社会に出たら出たで、人事評価やら近所の評判やら、容赦ない辛辣《しんらつ》な評価の激流の中を泳いでいく必要がありました。

サルトルは「人間の自由を脅《おびや》かすのは他者からのまなざし」だとし、「地獄とは他者だ」という言葉を残しました。**それほど「他者の視線＝評価」は人間にとって震え上がるほどの脅威だったのです。**

さて、現役を引退する60代は、人事評価のようにあからさまに評価してくる他者はいなくなります。必然的に「他人評価」から「自己評価」の時代に移行するわけですが、実はその「自己評価」にも落とし穴があるので要注意です。

〈自己評価には、他者が入り込んでいる〉

注意事項というのは、自己評価の「自己」の中には「他者」がすでに住みついているということです。

人というものは、生まれたときから、言語の作用で「他者の価値観＝評価」を内面化してしまっています。言語（＝価値観）はすべて他者から来たものです。大人になって自分がしゃべったり、書いたりしている言葉は、自前のものだとてっきり思っていますが、それらはすべて他者からの借り物や引用物なのです。

親に「お前はバカだ」と言われ続けた（他者評価）人間は、客観的には全くそうでなくても、いつのまにか「自分はバカだ」というのが自己評価として無意識の中で定着し、その評価は、他者でなく自分自身が独自で下した判断だと知らないうちに思い込んでしまうのです。

大変やっかいな問題ですが、自己評価の中には他者評価が必ず混入していることを踏まえておく必要があります。

自己評価は、他者でなく自分が自分を評価するのは当然ですが、何を基準（軸）にするかが大切な問題になります。自分が評価者であっても基準があいかわらず他者のままだったら、他者評価とほとんど変わりません。

自分は定年退職したのに、同期の誰それは取締役として会社に残っているのを見て、「自分はあいつと比べて、やっぱり能力がなかったんだ」と、他者を基準として比較し、勝手に落ち込んだりするのが一つの例です。

自分で自分の評価を悪い方向に下すわけですから、他者のせいにもできず、自己嫌悪の悪いループに陥ってしまいます。

〈「もう一人の自分」を基準軸にする〉

自己評価の基準軸は自分自身です。自分が、自分を基準（自己軸）として、自分を評価すること。

たとえば、趣味で俳句をやっている場合、昨日の自分（もう一人の自分）より、今日の自分のほうが、いい句ができたと自分なりに感じたとき、「今日の自分はよくやった！」と今日の自分をほめてあげるのです。どんな些細なことでも、心底「自分はよくやった！」と実感することが大切で、その実感があなたの人生の日々を生き生きとさせるのです。

ただし、今日の自分を昨日の自分と比べるとき、**昨日の自分を「かつての理想の自分」という高めの基準にしてしまうと、有害なギャップが生じ、「やっぱり自分はダメだった」となってしまうので、ほどほどの設定が大切です。**

超一流のプロスポーツ選手は、それぞれ独自の自己軸に基づき自己評価をしながら、自分のプレースタイルをコントロールしています。

テニス選手のフェデラーは自分の衰えを自己軸で自己分析・自己評価をして、コーチを付けてプレースタイルをシフトチェンジすることで復活しました。

サッカー選手のメッシも同様に自己の衰えに真剣に向き合い、それを自己評価し、ストライカーだけでなくゲームメーカーとしてもプレーできるよう幅を広げました。

イチロー選手の自己軸の一つは「ルーティン」（決まった手順・日課）でした。彼は自分が決めたルーティンを大切にします。毎回同じルーティンがあるからこそ、その日の体調や気候などの微細な違和感、変化を感じることができるのです。

〈「頭脳」から「身体」へシフトチェンジ〉

「『頭脳』から『身体』へシフトチェンジ」と掲《かか》げていますが、頭は空っぽでいいから人一倍健康に留意して、ジムで身体を鍛えましょうなどと提言しているわけではありません。

現代は、頭脳が偏重されている時代です。

「あの子（あの人）は頭がいい、勉強ができる」という評価は、生涯を通して抜きがたい普遍的な価値観になっています。

その一方、長年、身体（身体性）は置き去りにされてきました。

頭脳と身体は一体で、同列です。禅の言葉でいうと「身心一如（心身一如）」。頭脳と身体のどちらが偉いということはなく、どちらも大切なのです。

私は自著の『身体感覚を取り戻す　腰・ハラ文化の再生』（ＮＨＫ出版）で、失われつつある日本の伝統的な身体文化と身体感覚を見直すことを提案しました。

日本における伝統的な文化・教養・芸術・人間交際術など精神性の分野の多くは、その基盤として具体的な身体技術を持っていました。日本文化は身体性を重視した文化だったのです。心と身体は一体であるという根本思想が日本人の常識の底流にあったからこその日本文化でした。それが明治時代の西欧化、戦後の教育改革などによって壊滅的に失われていきました。身体文化は「自然体」「型」「技」「腰肚《こしはら》」「呼吸」「気」などのキーワードで表されますが、それらのことは第3章で詳しくお話いたします。

解剖学者の養老孟司氏は、

「現代は極度の都市化に伴う『脳化社会』で、都市において最後に残された『自然』は身体だ。人工物である都市は脳の意識の世界で、意識は自然（＝身体）を排除し、身体に直結している感覚を無視する。１日10分でもいいから外の自然に感覚で触れて、身体＝自然をよみがえらせる必要がある」

というような内容のことを事あるたびに表明しています。

現代は、頭脳（意識）に押されて、身体がないがしろにされているのです。

しかし、引退によって頭脳優先の現役時代を卒業する60代にとっては、自分の人生の中に、忘れかけた身体感覚と自然感覚を取り戻す絶好のチャンスが訪れたと考えればよいのではないでしょうか。

〈レスポンスする身体〉

円熟した大人は、コミュニケーションにおいて、人と場に適切に応答（レスポンス）できる身体を持っています。ちゃんとレスポンスできることは、いっぱしの大人としての責任（レスポンシィビリティ）でもあります。

矛盾して聞こえますが、**大人のレスポンス（応答）は、アクティブ（積極性）とパッシブ（受動性）の両方の側面を兼ね備えています。「積極的受動性」とでも言えましょう。**

積極的に相手の作用を受け入れる。コミュニケーションの構えとしては、まずは「受け入れる」という受動性を主にします。そのうえで相手に対して積極性（能動性）を発揮していく。

その「受動性」と「積極性」との塩梅《あんばい》の調整ができないと、お互いの身体と場を「冷やして」

しまう。

たとえば、受動性が勝ちすぎると「打ち解けない」になってしまうし、積極性が強すぎると「なれなれしい」になってしまう。ここでもバランス、塩梅が大切です。

このようにクリエイティブな人間関係作りには、身体性に基づいた「積極的受動性」の構えが重要になってきます。

「積極的受動性」は言いかえると「添いつつ、ずらす」です。「添う」は受動性、「ずらす」は積極性を意味します。合気道などで、お互いの身体の動きの中で、対戦相手の力に「添い」ながら、その力を利用して方向性を「ずらし」、自分の投げに変えていく、というような流れがあります。

コミュニケーションでも、まずは相手の言うことをよく聞き、相手を受け入れ、信頼関係を築き（「添う」）、そのあと、質問などをして（「ずらす」）、二人にとって思いがけないクリエイティブな方向に向かっていく。

円熟した大人ならそのような当意即妙、臨機応変なコミュニケーションの「技」を持ちたいものです。

〈円熟した大人は「中庸」へシフトチェンジ〉

円熟した大人の条件の一つに「年の功を生かし、塩梅《あんばい》が分かる」というのがあります。

塩梅とは、料理の味加減を調《ととの》えることから転じて、物事の加減、ちょうどよい程度のことをいいます。ちょうどよい程度とは、極端に走らず、偏《かたよ》らず、節度があり、中正なことですから、「中庸」と言いかえてもいいと思います。

塩梅とは中庸のことです。

中庸とは、足して2で割るとか、平均値をとるとか、中間地点とか、そういう単純なものではなく、大変奥の深い概念です。

孔子は「中庸の徳為《た》るや、其《そ》れ至《いた》れるかな」（『論語』齋藤孝訳　ちくま文庫）と、中庸のことを、実行は難しいが最高の徳だと称揚しています。

アリストテレスも中庸の概念に言及し、超過も不足もしていないバランスのとれた状態や行為のことが中庸であると述べています。例として、無謀と臆病の間の中庸が勇気であるとしています。

左右どちらの極端にしろ、極端に走ることは、若さや勢いに任せれば容易に実現されるところがあり、むしろ中庸より簡単かもしれません。ところが、人は極端の地点にいるとき、精神的に舞い上がってしまい、自分の姿は見えず、自らを失う可能性があります。

中庸とは、両極端を上空から客観的かつ冷静に俯瞰するような確固たる視点のことです。

〈矛盾を生きる力〉

また、中庸とは「矛盾を生きる力」のことです。

両極端同士の矛盾・葛藤に耐え、うまく調整・調停し、左右どちらの極端も損なうことなく、落としどころを探すのが中庸の働きです。

「陰」と「陽」を対立構造として見るのではなく、「陰」「陽」のどちらも「含み、含まれ」の関係である全体構造として見るのが中庸なのです。

ゲーテは人間の成長過程を「らせん運動」でイメージしました。

らせん運動のように、行きつ戻りつしながらも上昇していく円運動は、これもまさに中庸そのものの動きを表現しているのではないでしょうか。

『論語』に「五十にして天命を知る、六十にして耳順《みみしたご》う、七十にして心の欲する所に従って、矩《のり》を踰《こ》えず」（前掲書）という有名な言葉があります。

この言葉は、実は中庸のことを総合して語っているのだと思えてなりません。

「天命」という軸を持ちつつ、人の言葉に素直に耳を傾け、自在に動く。

「天命」を知り「耳順」で「矩を踰えず」。この3つがバランスよく、自然に、無理なく、実行できている人が、中庸をわきまえた、真の円熟した大人だと思います。

第2章 「身体感覚力」を取り戻す

失われていく身体文化

第1章の「『頭脳』から『身体』へシフトチェンジ」の項で、現代は身体と身体感覚がないがしろにされ、忘れ去られつつあることを述べました。

私たちの現役時代は、都市化された環境の中で、頭脳と意識が優先され、身体が置き去りにされた時期でした。

計画、企画、アイデア、イノベーション、プレゼン、戦略、社内政治、忖度《そんたく》……。頭と意識を使う仕事ばかりです。経済合理性の世界では、理性や論理性、概念的判断が、ビジネスの世界や会社組織の中で生き延びるための大きな武器になっていました。

しかし、現役時代に一区切りがついた60代は、もう「頭でっかち」の状態で戦う必要はありません。**自然や感覚に結びついている身体性と身体感覚を取り戻し、稀薄になっていた全人的な自己の存在感を回復することができる余裕と時間があります。**

これからは「頭脳知」より「身体知」で勝負です。ニーチェは言っています。

「わたしが神を信ずるなら、踊ることを知っている神だけを信ずるだろう」

「肉体はひとつの大きい理性である」
「わたしの兄弟たちよ、むしろ健康な肉体の声を聞け。これは、より誠実な、より純潔な声だ」
（『ツァラトゥストラ』手塚富雄訳　中公文庫）

これらはすべて、身体性のことを賛美している言葉です。

過去の日本では、身体性が具体的な身体技術を携《たずさ》えて、日本の伝統文化、芸術、教養などの精神性の下支えの役割を担っていました。身体性と精神性がいいバランスで保たれていたのです。それでは、具体的な身体技術を順次追っていきましょう。

〈「腰肚文化」〉

私は自著の『身体感覚を取り戻す　腰・ハラ文化の再生』（NHK出版）で「腰肚《こしはら》文化」を提唱しました。自己確認や人格陶冶《とうや》の基盤としての腰と肚（腹）が、人間の身体の中で大切な部位であることを主張したかったのです。

昔は腰や肚に関する慣用句がたくさんあり、日常的に使われもしていました。

腰に関しては「腰を据える」「腰抜け」「へっぴり腰」「腰砕け」「および腰」「弱腰」などがあります。

肚に関しては「肚がない」「肚を決める」「肚が太い」「肚が据《す》わる」「肚ができる」「肚に落ちる」「肚を固める」「肚をくくる」「肚を探る」「肚を読む」「肚を割る」「肚が黒い」「肚の虫」など。

腰は比喩的な意味で、構えや姿勢などを表しています。

肚は比喩として、決断、気力、胆力、度量、心づもり、本心、感情などを表現しています。

〈腰と肚は心身の中心感覚と軸感覚を作る〉

昔、日本では、腰肚は人の身体の中心（重心）を意味していました。

腰肚を意識することによって、身体の中心を下半身に持ってゆき、身体の内側の中心感覚を覚醒させることができました。身体の中に芯《しん》を作る、軸を作る感覚が養われたのです。

自分の身体に中心が確かにあるという感覚を習慣化することによって、心の中心感覚も育まれました。

身体と心の両方に中心感覚があることによって、心身両方の安定感、安心感、余裕、自信が生まれ、その結果、他者の存在や周囲の状況の変化に対し、動じない心の在り方も出来上がりました。対人関係にも良い結果を招いたのです。

日本人が着物を着ていた時代には、帯の存在が自然に腰肚を意識させていました。

「帯を締め直す」（＝気を引き締める）という言葉があるように、帯や帯の結び目は腰肚を通して、心の構えや気力をコントロールしてきたのです。帯は日本の身体文化における具体的な身体運用ツールの一つでした。

映画「レッド・サン」の中で、三船敏郎とアラン・ドロンの立ち居振る舞いを見ていると、日本人の重心は下半身（腰肚）にあり、西洋人の重心は上半身にあることがよく分かります。**肚の重心のことを、へその少し下にあることから「臍下丹田《せいかたんでん》」と言います。**

〈「自然体」という身体技術〉

幕末の武士や町人の写真を見ると、筋骨面での体格では一見貧弱に見えますが、立ち姿が皆自然で美しい。安定感があるのに、力みがない。「自然体」なのです。

自然体とは「柔軟な上半身」と「揺るぎない下半身」との二重構造でできています。これを「上虚下実」と言います。上半身は空虚にして、下半身を充実させるということです。

特に武士の立ち姿は、左右前後いつでもすっと無理なく滑るように動き出せる感じ。腰の後ろを袴《はかま》で支え、下腹（臍下丹田）の位置で帯を結ぶ。腰を立てると必然的に背中が伸びます。

袴や帯の装着は、武士としての役割を覚醒・発動させるスイッチでした。

臍下丹田を意識し、肚を据え、「常時戦場」「いざ鎌倉」の意識を高め、騒がず、浮足立たず、即座に身体が反応する体勢を作る。この一連の身体の所作は演劇的ですらあります。

明治初期の岩倉遣米使節団の一行は、初めは周りから奇異な目で見られましたが、彼らの立ち居振る舞いの堂々とした自然さは、しだいに賞賛に変わるようになりました。

現代人は、しっかり立つことを意識しすぎると、背筋が伸びすぎて、肩と胸が張りすぎます。逆にリラックスを意識しすぎると、腰と肚が決まらず、背中が丸まり、肩が落ち、胸がふさがる。全体的にこわばりができ、呼吸が浅くなります。

特に男性は、スーツとネクタイを着用することにより、首元や肩という上半身に身体感覚の中心を置かざるをえない。上半身はこわばり、下半身が充実せず、その結果、ふわふわとした心の頼りなさ、張りのなさが身体を通して透けてきます。

「しっかり、なおかつ、リラックスして立つ」、すなわち「自然体」は意外と難しいのです。自然体は自然には出来上がりません。それなりの吟味、工夫、鍛錬《たんれん》が必要なのです。

〈自然体の作り方〉

『自然体のつくり方』（角川文庫）という著書にも詳しく書きましたが、自然体とは「柔軟な上半身」と「揺るぎない下半身」との二重構造（「上虚下実」）です。

自然体で立つ場合は、上半身は、肩の力を抜き、力みをなくし、柔軟性を確保する。下半身は、足の親指の付け根の盛り上がった部分に体重を乗せ、膝《ひざ》は軽く曲げて余裕を持たせる。**最も重要なのはやはり「腰肚を決めること」**です。

具体的に言うと、臍下丹田に意識を持っていく。力を入れるというより感覚的に意識する。「臍下丹田の一点に気をしずめる」とも表現します。中心としてのイメージをその一点におさめる。

フランス語で感覚のことをサンスと言いますが、サンスには方向性という意味も含まれています。臍下丹田に対しては「中心に向かう」という方向性のある感覚を持ってイメージするのがいいと思います。

臍下丹田に中心点を意識できると、そこに「芯」を感じるようになります。芯を基点として、天に上昇する線と、地球の中心に下降する線を結ぶと、自分の中に垂直の中心軸ができます。「柔軟な上半身」と「揺るぎない下半身」が一本の中心線で串刺しになるイメージです。

〈天と地を貫く「軸」を作る〉

身体（ミクロコスモス）と宇宙（マクロコスモス）が中心線でしっかりつながっている感覚ができると、身体が、上下だけでなく、前後左右、全方位に呼応していると感じるようになります。上半身の力は抜けて、息は深く緩《ゆる》やかで、下半身には地に足が着いた粘り強さが現れてきます。

しっかり根を張って、たくさんの葉っぱをそよそよと風になびかせている大樹を想像してみてください。あるいは、高速で回転し安定している独楽《こま》をイメージしてください。

身体にイメージ上の安定的な芯と軸ができると、心にも芯と軸ができて、安定します。身体と心は同期します。心は集中力が増して、冷静に覚醒していながらも、リラックスしている状態を作り出すことができます。

集中（緊張）とリラックス（弛緩《しかん》）が同時に実現することを、フロー体験と言います。芯と軸を身体と心に設定することによって、自らフロー体験を作り出してゆくことができ、この自己コントロール感が生きている実感を生むのです。

〈「型がなければ、形なし」〉

自然体とは自然に出来上がるものではありません。工夫や修練などによって後天的に作り出してゆくものです。そこで重要になってくるのが「型」です。

型の基本的な意味は「個々のものの形を生ずる元となるもの」ですが、伝統や習慣の中での、形式、方式、技法、規範、典型、手本、基本、本質など、幅広い意味を持っています。

何者でもなかった何かが、型を通して、むしろ型を通してのみ、ひとかどの形あるものとして現れてくるのです。自然体も例外ではありません。

一般的に型というと「型にはめられた教育」などと連想されるように、自由は制限され、窮屈で融通が利かず、創造的・個性的ではなく、ワンパターンで凡庸《ぼんよう》というふうにネガティブなイメージがつきまとっています。しかし、それは間違った認識です。

千利休は「規矩《きく》作法　守り尽くして破るとも離るるとても本を忘るな」（利休道歌）という言葉を残しています。**「守破離《しゅはり》」の教えです。「規範（型）に従い守り、それを破り、それから離れる、しかし規範（型）は忘れるな」**ということを表しています。

歌舞伎の故中村勘三郎（18代目）の座右の銘に「型があるから型破り、型が無ければ形無《かたな》し」

というのがあります。二つとも型の重要性を語っています。

〈型は、現実世界の「座標軸」〉

型には二つの効用があります。

一つ目は、型には、**私たちが現実の世界に立ち向かう際の「座標軸、基準点、ものさし」**になってくれるというメリットがあります。

身体的であれ精神的であれ、自分の型（座標軸）ができていれば、流動的で混沌《こんとん》とした複雑な現実を秩序化でき、有効なパフォーマンスを生み出す可能性が高まります。

基準を身につけていると、基準からの微細なズレを客観的に感知・把握することができ、すばやく修正（フィードバック）に取りかかれます。一流選手が型どおりのルーティンを大切にする理由がここにあります。

修行に励む禅僧たちは、毎日決まった時間に起き、決まった時間に食事をとり、掃除や座禅に打ちこみ、決まった時間に寝ます。毎日同じ行動をすることは、型の実践です。型を繰り返すことによって、自分の中の小さな変化を感度よく把握する修行になるのです。

〈型の抵抗が人間の成長を促す〉

型の二つ目の効用は、型には制約や抵抗があることによって、かえって人は自由の意識が高

まり、思わぬ創造力を発揮するという逆説的な効果があるということです。

サン・テグジュペリは『人間の土地』（堀口大學訳　新潮文庫）の冒頭で、

「ぼくら人間について、大地が、万巻の書より多くを教える。理由は、大地が人間に抵抗するがためだ。人間というのは、障害物に対して戦う場合に、はじめて実力を発揮するものなのだ」

と書いています。大地という抵抗が人間に成長と進歩をもたらすのです。

人は型を習得するために、何度も練習し、何度も跳ね返され、何度も挑戦し直します。その過程の中で、人は否《いや》が応《おう》でも創造力を働かせ、色々創意工夫します。

初めは「ぎこちなさ」（違和感・ひっかかり）の意識がありますが、繰り返し練習するうちに、その「ぎこちなさ」は自然に無意識の中に消えてゆきます。

型の練習とは「勝手に身体が動いてしまう」という地点を目指しています。意識の無意識化のプロセスです。

そういうところに、人は、逆説的に、自由の感覚を見出すのです。

良い型は、型の中に適切な抵抗を設定します。

良い型とは、抵抗の克服に人を集中させることで、人を鍛え、自由な感覚を与えてくれるのです。鳥も空気の抵抗がなければ、自由に飛べません。教育も同じことです。

〈個性は型を通して形成される〉

「個性が大切だ」などとよく言われている個性は、一見、型とは関係なさそうですが、型との格闘なしでは得られないものです。**型を、努力して真似て、真似ても真似ても、それでも真似しきれない極点に到達して初めて、個性というものが現れてくるのです。**

三木清は『人生論ノート』で次のように述べています。

> 古代においては、個人意識は発達していなかったが、それだけに型的な人間が個性的であるということがあった。（中略）現代文化の悲劇、或《ある》いはむしろ喜劇は、型と個性の分離にある。（『人生論ノート』三木清　新潮文庫）

また、小林秀雄は講演録の中で次のような意味のことを指摘しています。

「みんなが言っている個性とは、ただ人と変わっているということだけだ。それは強制された特殊性（スペシャリティ）にすぎない。本物の個性（オリジナリティ）というものは、その強制された特殊な個性を、努力して乗り越え、克服して得られるものである」（小林秀雄講演ゴッホについて／正宗白鳥の精神「個性と戦う」新潮ＣＤ）

型の抵抗という習練の「やすり」の洗礼を受けていない「個性」的な人とは、自由を気取っ

た、身勝手で、未熟な、単なる変わり者のことです。

円熟した大人は、鍛錬を経た分、独自の型、ライフスタイルを持っています。お稽古事のように、たゆまない努力をして、先輩や師匠の型を習得しようとして習得しきれなかったところに、本当の自分というものがポンと出てくるのです。

小津安二郎の映画は、どの映画を見ても、映画のどこを切っても、小津安二郎の映画でしかありません。彼は膨大な努力をした結果、自分の型という天命を悟り、誠実に自分の道を歩んだのです。

「私は豆腐屋のような映画監督なのだから、トンカツを作れと言われても無理で、せいぜいガンモドキぐらいだよ」という小津の言葉があります。

個性などという曖昧《あいまい》で、はかないものに惑わされず、「餅は餅屋」の意味を真に理解していた人でした。

〈「技」は「型」の反復で得られる〉

型には、現実世界の座標軸という面と、抵抗（制約）があることによって人を成長させる面の二つがあることを述べてきました。

その型を合理的で手際よく運用する技術が「技」です。自然体という身体の型を自然にスムーズに機能させ運用するのが、技の仕事です。

型は何度も反復されることによって、技となります。

初めは師匠やコーチに手伝ってもらって、無意識に行なっていた動きを意識化します。「ああ、自分は知らないうちにこんな変な動きをしていたんだな」と気づきます。次に、その意識化された動きを何度も反復することによって、意識しなくても無意識に動くようにするのです。

型は意識と無意識の間を何度も行き来して、晴れて技となるのです。

〈「技」とは身体の繊細な動かし方〉

プロスポーツの世界では、技とは身体の繊細な動かし方を意味します。

プロは反復練習の中で、身体の「ズレ」や「違和感」などの繊細な感覚を感じ取り、常に修正とフィードバックを繰り返し、意識の地点まで高める作業をします。

意識の中で習慣化された動きはやがて無意識の領域に沈潜していき、技として定着します。その技は再現可能となり、いつでも自然に取り出すことができるようになるのです。

空手家の南郷継正氏は「量がある一定程度に達すると、質的な変化を引き起こすのが技だ」（量質転化）と述べています。

反復練習を続けていると、急にふとできる瞬間が訪れるものです。プロの世界では、ものによっては2万回の反復練習が必要と言われています。

自分の得意な型を反復練習し、習得すると、自分の得意技となります。

元柔道家・格闘技家・吉田秀彦さんの現役時代の得意技は内股と大外刈りでしたが、稽古はあえて基本技の単調な反復を自分に課し、そのおかげで、自分の得意技に相手がはまったときには絶対負けないという自信ができたそうです。

スポーツのような本格的な身体運用でなくても、私たち60代には「年の功」で身体的な得意技の「種」の一つや二つは必ず持っているはずです。

あなたのとろけるような笑顔で、初対面の人でも必ずすぐに打ち解けるとか、あなたが現れると、その場の空気が一挙に温まるとか。それらの技の「種」を意識し反復して磨くと、自分の得意技、自分の一生の宝に必ずなると思います。

〈達人たちの技〉

身体的な型を習得し、それを「技化《わざ》」して自由に運用できる人たちと言えば、武芸や武道の人たちです。

沢庵和尚《たくあんおしょう》が柳生但馬守宗矩《やぎゅうたじまのかみむねのり》に送った、剣の道の極意を記した『不動智神妙録《ふどうちしんみょうろく》』という書物があります。**不動智とは要するに「心は自由に動きながら、一つの物事に止まらず、迷わず、こだわらず、とらわれない」知恵のことです。**

水のように流動する心は、微視的に見ると「変化」していますが、巨視的に見ると「不動」です。心と身体は一体ですから、心が一つの物事に止まれば、身体も止まり、不自由になります。敵の刀が来たとき、心が「来たな」と意識すると、「居着い」てしまい敵に切られてしまいます。心が「来たな」という意識にとらわれると、身体も一緒に止まるからです。

沢庵は千手観音の例を出します。千手観音には手が１０００本あるが、もし弓を扱う一つの手に心がとらわれていたら、残りの９９９本の手は動きが止まって役に立たない。一つの所に心を止めていないからこそ、９９９本の手は皆、役に立つ。そういうことをお示しになるために千手観音はそのお姿を現していらっしゃるのだ、と。（『沢庵　不動智神妙録』池田諭訳　徳間書店）

〈「間、髪を容れず」と「石火の機」〉

「間《かん》、髪《はつ》を容《い》れず」という言葉があります。髪の毛一本の入る隙間《すきま》もないほど、間を空けないという意味ですが、これも何かに引っかかり、止まってはいけないと諫《いさ》めている言葉です。相手が打ってきた太刀に応対するこちらの動きにわずかの間があってはいけない。何も思念することなく、レスポンスしなさいと教えます。

「石火《せっか》の機」というのは「石を打つと、その瞬間パッと光が出る、石を打つのと火が出るとの間には隙間がない」ということですが、これも「間、髪を容れず」と同じことを示しています。

ふいに誰かに名前を呼ばれたときに「はい」と即座に応えるのが「石火の機」です。何の用があるのだろうと思い巡《めぐ》らして返事が遅れてしまうのは、迷い（煩悩《ぼんのう》）があるからです。

大切なことは、「間、髪を容れず」も「石火の機」も素早く反応しなさいと教えているのではなく、「心に止めない」ということが先決で、「素早い」というのはその結果だということです。そもそも素早く反応しようとする意識自体が、心に止まる状態だからです。（前掲書）

〈心をどこに置くか〉

では、心の置き所はどこでしょうか。

心を敵の動きに置けば、敵の動きに心をとらわれ、敵の刀に置けば、刀にこだわりができ、切られまいということに置けば、切られまいということにとらわれてしまう……。

沢庵の答えは「どこにも置かない」です。

心を特定の場所に置かず、偏らないこと。そう定めれば、心は身体いっぱいに行きわたり、のびのびと広がっていく。

「どこにも置かない」ことは「どこにもある」ということです。どこにでもあるので、手を使うときには手にある心を使い、足を使う場合は足にある心を使えばいいのです。（前掲書）

柳生宗矩は、柳生新陰流の伝書『兵法家伝書』で次のようなことを語っています。

病気《びょうき》の事

かたんと一筋《ひとすじ》におもふも病《やまい》也。兵法《へいほう》つかはむと一筋におもふも病也。習《ならい》のたけを出《いだ》さんと一筋におもふも病、かからんと一筋におもふも病也。またんとばかりおもふも病也。病をさらんと一筋におもひかたまりたるも病也。何事も心の一すぢにとどまりたるを病とする也。（『兵法家伝書』柳生宗矩　渡辺一郎校注　岩波文庫）

（勝とうと思い詰めることは病である。戦略を使おうと思い詰めること、稽古の成果を全部出そうと思い詰めること、先手を取ろうと一心に思うこと、相手の出方を待とうと一心に思うことは病である。このようにあれこれ思い煩《わずら》うのを止めようと思い煩うのも病である。何事も心が一つのことに止まるのを病と呼ぶのである）

柳生宗矩も、一つのこと、一つのところに止まることは病気だとまで断じています。

〈未だ木鶏たりえず〉

沢庵は、技の最高極点に達した名人のことを、水に浮かぶ瓢簞《ひょうたん》のようだと表現します。水に浮いている瓢簞を指で押すと、するりと脇に逃げ、また押せばまたひょろりと逃げ、どうしてもひとつの場所に留まっていません。

また、沢庵は達人のことを案山子《かかし》にたとえます。案山子は何をする意図もなく、田んぼの中に立って、意識することなく鳥や獣《けもの》を追い払って立派に役に立っています。

瓢簞や案山子のように、**名人や達人の心は、一つの物事に止まらず、何も意図せず、こだわらず、とらわれず、自由自在に動くのです。**（『沢庵　不動智神妙録』池田諭訳　徳間書店）

『荘子』に木鶏《もっけい》という話があります。

「闘鶏に仕立てるために、ある鶏を訓練するが、その鶏はただ単に威圧的、攻撃的なだけで使い物にならないと思われた。それでも何十日かしてついに鶏は仕上がる。その姿は遠くから見ると木彫りの鶏のようで、他の鶏はあえてこれに対抗せず、背を向けて走り去った」（『荘子第三冊［外篇・雑篇］』荘子　金谷治訳注　岩波文庫）

69連勝中の横綱双葉山は平幕に敗れたとき「イマダモッケイタリエズ」（未だ木鶏たりえず）という電報を打ったのは有名な話です。

人は、型を覚え、たゆまない修業により、技を磨く。しかし、最高の境地に達した名人とは、型も技も忘れたけれども、身体がなすべきことを覚えていて、意識の助けを借りなくても、身体が勝手に動いてくれることを実現した人のことを言います。

技の完成とは「無意識的に意識すること」「意識的に無意識すること」を通り抜けて「意識も無意識もない」という「無」の状態です。「知らないうちにできちゃってる」が最高の境地です。**目指す頂点は、瓢簞と案山子と木鶏です。**

〈自然体は、他者との「距離感覚」に優れている〉

自然体は、「柔軟な上半身」と「揺るぎない下半身」が天と地を結ぶブレない中心線で貫かれ（中心感覚）、安定した状態にあります。

身体も安定し、精神的にも集中とリラックスが同居して安定している理想的な構えが、自然体です。大地に根を生やした大木、あるいは高速で回っている独楽《こま》です。

自分の中に安定的で確固たる中心感覚ができると、外部環境に対して余裕が生まれ、自ずと身体が開き、他者との「距離感覚」のセンサーが適正に働くようになります。自然体の人とは他者との「距離感覚」にも秀でた人です。距離感覚の距離とは、物理的な距離ではなく、心理と生理を含む身体的な距離のことを指します。

自然体の人とは、相手が異論や反感を以《もっ》て、急に自分のふところに切り込むように距離を詰めてきても、自分の中心感覚と距離感覚を失うことなく、余裕をもって、機嫌よく、冷静にレスポンスできる人です。意見や価値観の違いを柔らかく受け止め、適切にこなしていく「ふところの深さ」を持っている人なのです。

自然体の人は、中心感覚と距離感覚の両方を備えています。

明治時代の実業家・渋沢栄一もその一人です。渋沢栄一は『論語と算盤《そろばん》』という本を書き、「論語で人格を磨くこと」と「資本主義の元で利益を追求すること」の両立を説きました。一見不

釣り合いなもの同士を統合しようとしたのです。（『論語と算盤』渋沢栄一　角川ソフィア文庫）
渋沢にとって中心感覚（＝ブレない中心線）とは論語でした。一方、距離感覚とは、資本主義（算盤）との距離感でした。資本主義との距離を測りながら「どのようにして、論語の理想と資本主義の理念を融合させ、現実的に展開していくか」の「塩梅」でした。
渋沢が「日本資本主義の父」と言われ経済界で大きく成功したのも、彼のブレない中心感覚と、状況に柔軟に対応できる距離感覚の両輪がうまく機能したからです。

〈場とは〉

人との関係において、**お互いの身体性が溶け合っている空間が「場」です。お互いの身体感覚の無数の束が延長し合い、交錯し合っている場の身体性を通じて、人はコミュニケーションをしているのです。**

場には力学が働きます。

お互いの身体の間には、場の力線が作用する「退《しりぞ》ける力」と「引きつける力」があります。「退ける力」が現れるのは、たとえば「相手の迫力に圧倒される」という経験などがそうです。精神的にも肉体的にも見えない空気の圧力として感じられる経験です。

「引きつける力」が出現するのは、たとえば、相手に魅力や好意を感じたとき、心理的な距離が縮まる感覚の経験などがそうです。

人の存在感というものも「場」が決めます。その人の個性や性格が決めるのではありません。また、**場が「冷え」ると身体も「冷え」てきます。逆に、身体が「冷え」ると場も「冷え」てきます。場とは関係性のことです。**

場は「空気」とも呼ばれます。「場を読む」「空気を読む」とは、会話内容の外にある「文脈」（「背景」「状況」）などを推しはかるということを意味しています。

日本はハイコンテクスト社会と言われます。コンテンツ（内容）よりもコンテクスト、つまり場の文脈や雰囲気を重視する社会のことです。物事を決定するとき、「なんとなく」の雰囲気で決まるのがこの社会の特徴です。

〈息の文化〉

腰肚文化を支え補完するのが、息の文化です。

下半身の腰肚を安定させ、ブレない土台を作り、上半身は自然に力を抜いた状態で、垂直の軸で身体全体を貫くのが、自然体の作り方でした。そのようにして自然体は集中とリラックスを同時に獲得するのですが、「正しく息をする技法」を付け加えることによって、自然体はより完璧な形になります。

息は日本の身体文化を語るうえで大変重要な位置を占めています。

日本語には息を使った慣用句がたくさんあります。「息が合う」「息が詰まる」「息を切らす」

「息を殺す」「息を抜く」「息をのむ」「息を盗む」「息がかかる」「息を凝らす」「息が通う」「息を潜める」「息を引き取る」「息を吹き返す」「息が絶える」……。

このように息の慣用句は、身体関係、人間関係、心理関係、生死の問題まで多岐にわたっており、息の概念がいかに日本の生活、社会、文化に深く根を張っているかの証《あかし》になります。

呼吸は不思議な現象です。

通常私たちは「吸う」「溜《た》める」「吐く」の単純な繰り返しを無意識に行なっていますが、ときには意識的に息をコントロールすることもできます。呼吸の運動は、随意運動（自律）と不随意運動（他律）という両方の性格を持っているのです。「息をする」と「息をさせられている」との同居という両義性が息の神秘性です。

息は、自分の身体と自分の精神を結びつける大切な架け橋、身体性と精神性を結ぶ大動脈です。息は、その人の身体の在り方、精神の在り方を反映する現象なのです。

禅における座禅や瞑想で大事なのは「調心」「調身」「調息」の三つです。

「調」は「調《ととの》える」という意味で「全体的にまとめる」というニュアンスを持っています。

心を調え、姿勢を調え、呼吸も調える……。

息には呼気（吐く息）と吸気（吸う息）がありますが、禅では特に呼気に注目します。

息を吐くということは、捨てるということです。

禅では捨てることで安寧が訪れるとされています。

「捨てて満ちる」ということを言います。吐くことによって、エネルギーを貯める「空の器」を常に自分の中に用意しておくという考え方です。

〈息とは生命そのもの〉

息は生死の問題と大きく関連しています。

「息を引き取る」「息を吹き返す」「息が絶える」……。古来、息の中には「生」と「死」の循環が含まれていると考えられていました。吸うことが「生」で、吐くことが「死」の象徴です。寄せては返す潮の満ち引きのように、**人は毎日、何千回もの生死を繰り返し体験していることになります。**

人の息の循環は身体の循環を表します。

身体の循環は生命の循環です。生命の循環は自然界の循環で、そして自然界の循環は宇宙の循環です。循環ということを介して、**人の息（ミクロコスモス）が宇宙（マクロコスモス）までつながります。**そう考えると、息の概念は「人は何か大きなものに活かされている」という宗教的感覚にまでつながるのかもしれません。

息とは生命そのもののことです。古代ギリシアでは息はプシュケーと言いましたが、この語はやがて命や魂・心を指すようになりました。日本語でも「いき（息）」と「いきる（生きる・活きる）」は類縁の関係です。英語のインスピレーション（吸気）は神の息吹を吹き込まれること、つまり生命力を吹き込まれることを、エクスピレーション（呼気）は息を吐くこと、つまり命がなくなること（＝死）を意味しています。

普段は呼吸のことをさほど意識はしないと思いますが、1日1分間でもいいですから、呼吸に向き合い、「生きては死に、死んでは生きかえる」生命の循環に耳を澄ますと、人生の充実につながるかもしれません。

〈齋藤式呼吸法〉

呼吸の理想像は、潮の満ち引きのような、あるいは波の打ち返しのような、赤ちゃんの柔らかく深い呼吸です。肩とみずおちの力が抜けて、呼吸のたびにお腹が柔らかくゆったり波打ちます。ここでは齋藤式呼吸法をご紹介します。

まず、上半身の力を抜いて臍下丹田（へその下）に気持ちを集中させ、「芯」と垂直の「中心軸」を意識してください。**鼻から3秒息を吸って、2秒お腹の中でぐっと溜めて、15秒かけて口からゆっくり、ゆるく、長く吐きます（「3・2・15」の法則）**。横隔膜を十分に使った腹式呼吸です。副交感神経が働き、気持ちがリラックスしてきます。

息は吐き切らないのがコツです。吐き切った反動で息を吸うと肩が上がってしまい、力むという結果になるからです。息を吐くときの15秒は長いかもしれませんが、意識して「吐く」ことが大切。上手に吐けば、自然と吸うことができます。

荘子の言葉に「真人《しんじん》の息は踵《かかと》を以《もっ》てし、衆人《しゅうじん》の息は喉《のど》を以てす」（『荘子　第一冊［内篇］』金谷治訳注　岩波文庫）というのがあります。

悟った人は踵で息をするが、俗人は喉や胸で浅い息をする。「踵で息をする」とは、上半身はリラックスして、重心を下半身に集め、足（踵）は根を生やすように大地にしっかりつけて、深く息をするということです。

〈人は息でコミュニケーションする〉

息とは「自分の身体と自分の精神との架け橋」です。

人は息を介して、自分の内部でエネルギーを循環させています。

それに加えて、息は「自分と他者との架け橋」でもあります。

人は息を介して、自分と他者との間でエネルギーを循環させているのです。

人と人は息でコミュニケーションしています。**ある人とは「息を合わせ」たり「息を通わせ」たりしながら、「阿吽《あうん》の呼吸」で仕事がサクサク進む。**しかし、別なある人とは一緒にいると「息の探り合い」をしたり、「息が詰まりそう」になったり、「息を殺し」たりして付き合わなければばならない。会話中のうなずきや相槌《あいづち》など、相手と呼吸のリズムやテンポが合えば疲れないし、合わなければ疲れます。

息は、人との相性を感知するセンサーなのです。

人はお互いの「息づかい」を感じながらコミュニケーションをとります。

相手の微妙な息づかいを計り、同調しながら話を進めていく。息を媒介として相手の身体性を感じ取り、寄り添い、自分の体内の身体性とすり合わせているのです。

〈相手の息づかいに寄り添い、寄り添われる〉

第1章で述べた「積極的受動性」がここでも重要になってきます。

自分の息づかいを他者の息づかいに自ら進んで添わせ、受け入れていく。そして**お互いに息づかいの「受け入れ・受け入れられ」の感覚ができたら、自己肯定感が生まれます**。

息のやりとりのように、自己肯定感は身体性の一体感から来ます。

たとえば合掌《がっしょう》。手を合わせるとなぜか身体全体が安定して、ほっと安心します。これも一つの自己肯定感といえます。どちらの手もお互いに「触れ・触れられ」の関係にあります。能動と受動が同居している「積極的受動性」がここにもあります。

男女の愛の営みもまさに呼吸のやりとりです。二つの身体が一つの呼吸に重なり、一体となる喜び。能動と受動のめくるめく反転運動。得られるものは自己肯定感以外の何ものでもありません。

文章にも息があります。私たちは息を通して文章とコミュニケーションをしています。特に古典や名作の文章は、リズムとテンポを刻みながら生き生きと呼吸しています。筆づかいは息づかいなのです。

名文と言われる文章には、著者の頭脳だけでなく、著者の生身の身体性が色濃く刻印されています。古典などの優れた文章は、声に出して朗読してみると、たとえ意味が分からなくても、こちらの脳も身体も気持ちよくなります。**朗読とは、著者の文章の呼吸に寄り添い、著者の身体の生理をなぞり、共有する行為です。**名文は著者の身体性と意味が連動しているものですが、意味が完全に分からなくても身体性のリズムを感じ取るほうがむしろ大切なのです。

絵でも同様です。私たちはその筆づかい（タッチ）の中に画家の息づかいを感じ取っているのです。

〈間のいい人、間の悪い人〉

「息」の文化は「間《ま》」の文化でもあります。

呼吸には「吸う」「吐く」の他に、その中間に「溜《た》める」という要素があります。

「溜め」は、呼吸の折り返し点、転換点です。その溜めが間なのです。

歌舞伎、能、狂言、浄瑠璃、日本舞踊、落語、茶道、華道、書道、和歌、俳句などの日本の伝統文化、あるいは剣道、柔道、合気道などの武芸一般はすべて息＝間の文化といっていい。

歌舞伎の「見得《みえ》」は「溜め＝間」芸の集大成です。

日本のお笑いでも、間をとても大切にします。

間は、相手との空間的な「あいだ」と、時間的な「タイミング」（テンポやリズム）の二つの要素があり、間のいい人は、特にタイミングの扱いに秀でています。

間のいい人は、会話の中で相手の息の動静を観察しながら、少し間を置くか、あるいは会話を進めるかのタイミングを瞬時に判断できます。会話の途中で適切な間を置かれると、人は誰も「次に何が来るのだろう」と傾聴の態度を自然にとることになります。

間のいい人には、会話のアクセルとブレーキの転換にリズミカルなメリハリがあり、しかもその転換はスムーズです。そのテクニックが相手を気持ちよくさせているのです。

どんなに素晴らしいことを言っていても、間がなく、のべつ幕なしにしゃべり続けている人には、相手は耳を傾けなくなり、離れていくようになります。

間の悪い人とは、生理的なレベルで微妙にテンポとリズムがずれており、こちらを疲れさせる人。また、「そんな話をこの場のこのタイミングでするのか」というTPOが分かっていない人。そういう人は、場の流れに「添えて」いないのです。

間の悪い人は、空間的な「あいだ」の感覚も乏しい。そういう人は初対面の人に対して、いきなりなれなれしく無遠慮に物理的なプライベート・ゾーンに入ってくるようなことが往々にしてあります。

〈息は「コツ」〉

息とはコツ（要領、秘訣）の意味があります。「呼吸を会得《えとく》する」の呼吸はコツのこと。大工さんが材木にカンナをかけるとき、息を長く続けたり止めたりするという息のコントロールがいかにできるかが大切でした。それが削《けず》りの品質を左右するコツでした。書道の運筆も同様です。息の扱い一つで筆の勢いや強弱が決まっていきます。

日本の伝統芸能や職人の世界では、呼吸は動作と連動して、自分の行動の決断・実行・持続などに影響を与え、出来栄えを決定してきたのです。

勝海舟は剣術と禅の修行によって、腰肚文化と息の文化を体現した人物です。『氷川清話』（勝海舟　勝部真長編　角川ソフィア文庫）には息＝コツの話がたくさん出てきます。

海舟行きつけの料理屋の女将《おかみ》さんが、商売繁盛のコツのことで「苦しい時があっても、客や雇人に対して苦悩を顔に出さず、心の奥底にしまっておく」という意味のことを言ったのに対し、海舟が感心している場面があります。それに続いて海舟は、外交というものは大変難しいものだけど、その女将さんの呼吸（コツ）が外交においても大切だと評し、「およそ人間窮達《きゅうたつ》の消息も、つまりこの呼吸の中に存すると思ふよ」と結んでいます。

また、海舟は呼吸のことを「気合」だとも称し、

「全体なにごとによらず気合ということが大切だ。この呼吸さえよく呑《の》み込んでおれば、た

とえ死生の間に出入りしても、けっして迷うことはない」

「おれなどは、理屈以上のいわゆる呼吸というものでやるから、容易に失敗もせぬが、万一そういう逆境にでも陥った場合には、じっと騒がずに寝ころんでいる」

と、呼吸が世をも動かすという気概を見せています。

〈気には「内の気」「外の気」「間の気」がある〉

息は「気」でもあります。

息の出し入れを呼気・吸気というように、気は、具体的な身体性から出ている言葉で、怪しげな神秘主義や不合理な精神主義の概念ではありません。

日本語には気に関する言葉がたくさんありますが、**自分の「内にある気」と自分の「外にある気」の2種類に分けることができます。**

「内にある気」を表す言葉には「内気」「短気」「陽気」「意気」「気質」「気概」「気骨」「気性」「根気」「心意気」「生意気」「意気地」「気を悪くする」「気に食わない」などがあります。この場合、気は、心の働き・状態を表します。

一方、「外にある気」を表す言葉では「雰囲気」「気配」「活気」「殺気」「邪気」「気風」などがあります。この場合、気とは、身の外、周りになんとなく感じられる肌感覚、センサー機能のようなものを指します。

気には「内にある気」と「外にある気」の他にもう一種類あります。

それは「内」と「外」の間にある「間にある気」です。

「気配り」「気をつかう」「気を察する」「気が知れない」「気まずい」「気がある」「気になる」など、自分の内と外（他者）の間で、身体性を介して心の交流・やり取りをするときの気のことです。

〈「気がきく人」は生き残る人〉

このように気は、人の身体の内と外を自由に行き来できる融《ゆう》通《ずう》無《む》碍《げ》な存在です。このような存在、何かに似ていませんか。「場」ですね。気とは場のことでもあります。

今までのことを整理しますと、**気＝いき＝間＝場＝空気＝文脈（背景・状況）**となります。

人は普段、しゃべったり書いたりして、主に言葉の意味によってコミュニケーションしていますが、言葉にはどうしても乗らない、言うに言われぬ、身体的な感情や感触、心の機微も頻繁に交換し合っています。

それらを敏感に感じたり（「雰囲気」）、予測したり（「気配」）、相手の心を推しはかったり（「気配り」）するのが気の働きです。

日本では、気にまつわる知恵と技法を持っている人が好感を持たれ、社会で生きていくうえで有利です。「空気」を読み、人の気持ちに「気配り」し、「気をきかせて」、先回りして行動する。無用な忖度をしすぎるのはよくありませんが、気のセンサーをいつも研《と》ぎ澄《す》ましている人が、日本では好まれます。

〈幸田露伴の「気」〉

『五重塔』などを書いた明治の文豪・幸田露伴は『努力論』という本の中で、気についてたくさん触れています。

集中力が散漫になって、風の中に灯火《ともしび》が揺れるように、チラチラと心が他のことに散っていくのを「散乱心」（「散る気」）とし、この心の習慣が定着した人は、いかに頭がよくても、立派な仕事はなしえないとしました。目の前にあることに専念せず、次々と気が移り、結局何一つ満足した結果を得ることができない気が、散る気です。**散る気の反対は「全気全念」。ありったけの気持ちと信念を以て、目の前の一事に当たるということです。**

散る気の例として露伴は明智光秀のエピソードを紹介しています。

本能寺の変の直前、連歌をやっている最中にふと光秀が本能寺の堀の深さを周囲の者に尋ねたということがあり、これは本能寺襲撃のことで頭がいっぱいになって連歌に集中できなかった光秀の「散る気」の性分のせいで、「光秀が長く天下を有するに堪《た》へぬ事を語つて居ると評されても仕方の無い事である」（『努力論』幸田露伴　岩波文庫）と露伴は切り捨てています。

一方、「全気全念」の例としては、豊臣秀吉を挙げて、秀吉は些細《ささい》ことでも全気全念で立ち向かったからこそ、信長は秀吉を色々な方面で抜擢《ばってき》、重用《ちょうよう》したのだと断じます。

「全気全念」になるためには「先づ第一に、為すべき事があらば為してしまうふのである。思うべき事があらば思つてしまふのである。為すべくも思ふべくもない事であるならば放下《ほうげ》してしまふのである」（前掲書）とアドバイスします。今、このときに、目の前にあることを一つひとつ徹底するという教訓です。

〈些事徹底〉

「些細なことに全気全念で立ち向かう」ことに露伴はこだわります。特に「些細なこと」には敏感です。

孔子は『論語』の中で「吾《わ》れ少《わか》くして賤《いや》し。故《ゆえ》に鄙事《ひじ》に多能《たのう》なり」（私は若いとき身分が低かった。だから、つまらないことがいろいろできるようになったのだ）（『論語』齋藤孝訳　ちくま文庫）という言葉を紹介し、**「詰らんことなどは何様《どう》でもよいと、詰らぬ事も出来ないくせに威張って居るのは凡愚の常で、詰らぬ事まで能《よ》く出来て、而して謙遜して居らるるのは聖賢の態である」**（『努力論』幸田露伴　岩波文庫）と評しています。

朝起きて、洗面して、服を着替えて、掃除するなどの日常茶飯事のことを、修行僧のように一挙手一投足、全身全霊で丁寧に心を込めてこなしていくのが、結局は自分自身を大切にし、全人生においてよい結果をもたらすのだと説きます。

「瑣事《さじ》をするにも、瑣事だと思って軽んずるのは、我が心を尊まぬ所以である」（前掲書）

その精神は、娘の幸田文《あや》に対する、はたきの使い方、雑巾《ぞうきん》のかけ方などの微《び》に入り細《さい》を穿《うが》つ掃除の「しつけ」にも端的に現れたのです。

〈張る気〉

露伴は「張る気」についても論じます。

張る気は、気が張って、物事に集中している状態を指します。露伴は、張る気を「其の人の内に在る或者が、外に向かって伸長拡張せんとする状《さま》」(前掲書)と定義しています。

張る気の反対の気は「弛《ゆる》む気」です。

人は誰でも気が張るときと、気が弛むときがあります。潮が満ち引きするように、気も張ったり、弛んだりするのは、人智ではどうしようもできない自然の摂理です。「張る気」を常に保つことはとうてい無理だから、ここ一番の場面で使えるのがよいと、露伴は諭《さと》しています。

露伴は、努力には多少なりとも苦痛が伴うが、「張る気」は苦を苦と思わない心境のことだと述べています。**「張る気」は、人が物事に精力的に集中し、浸りきって我を忘れているというフロー状態と似ています**。

露伴は、張る気と似ているが根本的に趣《おもむき》を異にする気に「逸《はや》る気」「亢《たかぶ》る気」「凝《こ》る気」があると続けます。

逸る気とは、張る気によって物事がうまくいくと、もっともっと先を求め、気ばかりが逸ることで、亢る気とは、張る気によって成功すると、その結果に安住し、傲《ごう》岸《がん》不《ふ》遜《そん》な状態になることです。凝る気とは、集中する点では張る気と似ていますが、露伴は、張る気を「生気」、凝る気を「死気」として明確に分別し、凝る気は、物事に凝りすぎ、のめり込みすぎて、そのこだわりと執着が自らを滅ぼす悪い気だとしています。

〈声は、身体が響き合う音楽〉

声は、気とは異なり、具体的に物理的な音として耳で聞くことができます。

声は、空気と身体の振動として直接的に身体に侵入してきます。

人と人とのコミュニケーションは、声による身体同士の「響き合い」なのです。

人類史において声を出して話すことは、書くことよりいち早く出現したのは明白で、それゆえに根源的で自然に近い行為です。

振動する声によって、身体は楽器のように響く。声に抑揚とリズムがつくと、なんだか気持ちがよくなる。それに喜びや楽しみなどの感情を乗せると、ついに歌になる……。

何人かの人と声を合わせて歌うと、楽しさは倍増します。自分の身体と皆の身体が共鳴し合って、他者とのつながりを感じる快感。軽快にリズムを刻む反復運動が、脳内の快感物質セロトニンレベルを上げます。合唱や読経《どきょう》のときの恍惚《こうこつ》感を想像してみてください。

話す声は、いつでも歌に転換する準備ができています。ミュージカルで役者さんが話していると、おもむろに歌に移っていくイメージです。「うた」の語源は「うったう」とも言われています。話すことは突き詰めると、歌うことと地続きなのです。

他者に話すとき、人は自分の響きを自分の内部と相手の内部の両方に響かせます。

声は、息や気と同様、身体の延長として相手と共有の響きの「場」を作ります。

「上虚下実」の自然体で話すとき、相手も自然に身体と心をこちらに「開いて」きます。オープンな場を作り上げ、二人の声が共鳴し合い、意味と感情のやりとりを実りあるものにするのです。

〈声は人格〉

小林秀雄は、『論語』の「六十にして耳順《みみしたご》う」に関して次のようなことを言っています。

耳順とはたいへん面白い言葉のように思われる。(中略)これは、おそらく孔子が音楽家であった事に大いに関係がある言葉だろうと、私はかってに考えている。彼は、音楽を、仁道《じんどう》の表現と信じて非常に尊敬していた人で、音楽の学習に夢中になって、三月も肉を食うことを忘れたくらいであるから、これが美術に夢中になった人なら、耳順と言う代わりに目順と言ったかもしれない、そういう言葉だと判断している。すると、耳順とはこういう意味合いに受け取れる、自分は長年の間、思索の上で苦労してきたが、それと同時に感覚の修練にも努めてきた、六十になってやっと両者が全く応和するのを覚えた、自分のように耳の鍛錬《たんれん》を重ねてきた者には、人間は、その音声によって判断できる、またそれがいちばん確かだ、誰もが同じ意味の言葉をしゃべるが、しゃべる声の調子の差違は如何《いかん》とも し難く、そこだけがその人の人格に関係して、本当の意味を現わす。この調子が自在に捕らえられるようになると、人間的な思想とはすなわちそれを言う調子であるという事を悟る。（『常識について』小林秀雄　角川文庫）

小林秀雄は「耳順」について面白い解釈をしています。「耳順」とは通常「60歳になってやっと人の話を素直に聞けるようになった」と解釈されており、人の話とは普通その内容や意味のことを指します。しかし、小林にとっては、人の話とはその人の「声」のことで、そこにはその人の人格のすべてが露《あら》わになっていると見るのです。

「誰もが同じ意味の言葉をしゃべるが、（中略）人間的な思想とはすなわちそれを言う調子である事を悟る……」（前掲書）なのです。

人の声には歌と同じように、その人の隠しきれない喜びや悲しみが刻印されて、人格として現れてきます。人格とは抽象的な道徳論ではありません。声を代表とした極めて身体的なものなのです。

人は声の調子を調整することによって、身体感覚を開いたり閉じたりしながら、場という「人格が行き交う広場」で自分の人格を公衆に披露しているのです。

〈素読・音読の大切さ〉

声を出して読む。一見単純なようですが、読むというインプットと、声を出すというアウトプットを同時に行なうことは大変高度で有益な認知行為です。声の響きを媒介として、頭と身体に循環のループを作り、エネルギーを回しているのです。

少し前までは古典の素読による暗唱は、型の教育の典型でした。

素読の基本は、文章や語句の暗唱をすることです。とにかく身体に叩き込む、染み込ませる。古典の素読は、意味の理解以前に、反復運動して身につけるべきものと言う点で、型そのものです。**どんな型であれ、型を習得するためには、反復練習、修練が必要です。**

現在の教育は「意味」重視の教育です。何が書いているか、言っているかが「概念」的に分かれば、すぐに通り過ぎていくのが今の「頭脳時代」の風潮です。

古典のよさとは完全には「分からない」ということです。意味的、概念的に分かろうとするから、本質的なところで、分からない。生涯かけても分からないから、皆古典に魅かれて読み続けるのです。

「豊かな分からなさ」「納得できる分からなさ」が古典のゆるぎない価値の明白性なのです。

小林秀雄は素読教育について次のように述べています。

それ（素読教育：筆者注）を昔は、暗記強制教育だったと、簡単に考えるのは、悪い合理主義ですね。「論語」を簡単に暗記してしまう。暗記するだけで意味がわからなければ、無意味なことだと言うが、それでは「論語」の意味とはなんでしょう。それは人により年齢により、さまざまな意味にとれるものでしょう。一生かかったってわからない意味さえ含んでいるかも知れない。それなら意味を教えることは、実に曖昧《あいまい》な教育だとわかるでしょう。（中略）「論語」はまずなにを措《お》いても、「万葉」の歌と同じように意味を孕《はら》んだ「すがた」なのです。古典はみんな動かせない「すがた」です。その「すがた」に親しませるという大事なことを素読教育が果したと考えればよい。「すがた」には親しませるということが出来るだけで、「すがた」を理解させることは出来ない。とすれば、「すがた」教育の方法は、素読的方法以外には理論上ないはずなんです。実際問題としてこの方法が困難となったとしても、原理的にはこの方法の線からはずれることは出来ないはずなんです。私が考えてほしいと思うのはその点なんです。古典の現代語訳というものの便利有効は否定しないが、その裏にはいつも逆の素読的方法が存するということを忘れてはいけないと思う。古典の鑑賞法という種の本を読んでみても、鑑賞ということは形式で、内容は現代語訳的な行き方をしているものが多いと思っているのです。（『人間の建設』小林秀雄　岡潔　新潮文庫）

〈音読は人生をつなぎ直す〉

古典の現代語訳は、意味という当面の「栄養」は得られるかもしれませんが、残念ながら「味」と「香り」がしません。「味わい」がない。古典の原文の音読・暗誦は、身体を心地よく揺さぶり、刻み込む韻律やリズムがある一種の音楽です。音楽は、栄養やお腹の足《た》しにはなりませんが、「味わい」はふんだんにあります。

子供の頃、何度も繰り返し音読した古典や名作は、体に刻印され、一つの心象風景となって蓄積されていきます。それは懐かしい風景の記憶のように、人生の折々に立ち現れて、「味わい」を新たにしてくれます。自分の身の内に蓄えられた古典の本当の価値が、人生のふとした場面で明らかになってくる。

「ああ、あの古典の文章は、そういうことだったんだ」

何十年も前には分からなかったことが、今になって「腑に落ちる」。

若いときに刻まれた学びが、卒然と今の60代の学びと結びつくのは、何にもまして幸福な経験です。**身体に染み込んだ古典のおかげで、「自分の人生は一本の確かな道のように、あるいは、ひとつの円環のように、連綿とつながっているんだ」という感覚が生まれる。**

それが自分は確かに生きているという実感につながります。若いときの学びの刻印が今の身体にも生き続けているという実感によって、生は肯定される。

暗誦文化は、生身の人間の人生を、地に足をつけた確かなものにしてきたのです。

古典の音読・暗誦は日本語の伝統という宝石を身体の奥深くに埋め込む作業です。それによって私たちは生涯にわたって折に触れてその輝きを取り出し、味わうことができるのです。

ニーチェ曰《いわ》く「いっさいの書かれたもののうち、わたしはただ、血をもって書かれたもののみを愛する。……　血と寸鉄の言で書く者は、読まれることを欲しない。そらんじられることを欲する」。（『ツァラトゥストラ』手塚富雄訳　中公文庫）

第3章 上機嫌力

不機嫌なシニアは嫌われる

不機嫌なシニアは間違いなく嫌われます。

いつもイライラ、カリカリしており、むすっと無言。不愛想で、気難しく、陰気。薄い怒りを漂わせた仏頂面《ぶっちょうづら》は、場の空気を淀《よど》ませ、周りの人の大迷惑。

不機嫌の理由としては「**自分の能力がないことを皆から隠したい**」という**自己防衛本能**があることが考えられます。

不機嫌な鎧《よろい》を身に着けていたら、人は近寄りがたく、自分の馬鹿さ加減が見えにくい。

もう一つ、同じようなパターンで「**いつも機嫌がいいと人から馬鹿に見られはしないか、深刻ぶったほうが賢く見えるのではないか**」という**歪《ゆが》んだ認識**からの不機嫌です。

毅然とした、威厳のある、渋い態度で沈思黙考しているのは知性がある証拠という間違った価値観。

しかし、**不機嫌な人ほど知性のパフォーマンスは低めなのです**。

〈上機嫌を「技」として身につける〉

上機嫌の見本は、式亭三馬《しきていさんば》の『浮世風呂《うきよぶろ》』や十返舎一九《じっぺんしゃいっく》の『東海道中膝栗毛《ひざくりげ》』などの作品に出てくる江戸の町人たちです。落語の登場人物も憎めない「上機嫌人」が多い。「宵越《よいご》しの金は持たない」と明るく楽天的に啖呵《たんか》を切る人で、不機嫌な人は想像できません。

私の好きなニーチェも祝祭的に上機嫌であることを勧めています。

「さあ、上機嫌でやろう。……このわたしのように」（『ツァラトゥストラ』手塚富雄訳　中公文庫）

では上機嫌人になるにはどうしたらいいでしょうか。

機嫌とは気分のことです。ある状況や身体の状態によってもたらされる、その時々の心持ちです。生まれ持った、変えようがない性格のことではありません。

上機嫌も不機嫌も気分のことですが、上機嫌は「意志」寄りで、不機嫌は「感情」寄りに属します。

哲学者のアランは『幸福論』の中で「**悲観主義は気分によるものであり、楽観主義《オプティミズム》は意志によるものである**」（『幸福論』アラン　神谷幹夫訳　岩波文庫）と述べています。そうなると、不機嫌は悲観主義（＝感情的）、上機嫌は楽観主義（＝意志的）という分類になります。

自分を感情に委《ゆだ》ねていると、悲しみにとらわれるだけでなく、怒りっぽく、不機嫌になります。一方、意志と自己克服によって楽観的で上機嫌の状態を作っていると、人は幸せになるのです。

上機嫌とは、意志と自己克服によって作法・礼儀として身につけるべき「型」と「技」なのです。上機嫌は型ですから、意志的に訓練すれば誰でも習得でき、技（習慣）として長く運用できるものになります。

また、**上機嫌は礼儀でもあります**。アランはお辞儀や微笑のしぐさには怒りや憂鬱を遠ざける効果があると説いています。

〈上機嫌は円熟した大人の義務である〉

上機嫌は大人の義務です。会社員だったら重要な業務の一つでしょう。上機嫌な人には思った以上の幸運が集まってきます。

円熟した大人は、上機嫌の場作りの一番の責任者です。

場には人の身体性が色濃く染み出します。私たちの機嫌しだいで、周りの人たちが幸せな気分になったり、険悪な気分になったりします。**円熟した大人には、率先垂範《そっせんすいはん》して上機嫌のオーラを供給し、楽しく幸せな一期一会の祝祭の場を作り出す努力義務があります**。

上機嫌と親類関係にある「気持ちを高揚させるもの」「楽観」「幸福」などもすべて、気まぐれな気分や感情に基づいたものではなく、極めて意志的なものであり、苦労し、工夫して勝ち取らねばならないものなのです。

〈アランの『幸福論』〉

アランは『幸福論』の中で、「寓話《ぐうわ》的手法」を用いながら人間の気分と身体の関係について鋭い洞察をしています。

赤ちゃんが泣いて泣き止まないとき、乳母《うば》はその理由をいとも簡単に当たり前のように、その子の性格や親からの遺伝のせいにして得々とあげつらう。しかし、その本当の理由は違うところにあるかもしれない。果たして、赤ちゃんの癇癪《かんしゃく》は、赤ちゃんの産着《うぶぎ》にピンが挟まっていて不快だったのが原因だったと分かったという話。

古代ギリシアの英雄アレクサンドロスにブケファラスという名の名馬が贈られたが、なぜか暴れてしまって誰も手なずけられなかった。周りの凡庸《ぼんよう》な者たちはブケファラスのことを「質《たち》の悪い馬だ」と言わんばかりだったが、アレクサンドロスは、馬が自分の影にひどくおびえて制御不能に陥ることが分かり、馬の鼻を太陽のほうに向けたら、馬は落ち着きを取り戻し、一件落着した。アレクサンドロスは「ピン」を探し当てたのだという話。

〈「ピン」を探せ！〉

これら二つの話が示しているのは、不機嫌の原因は性格や遺伝ではなく、「ピン」であると

いうシンプルな事実です。そのピンとは身体性に関わることです。

赤ん坊の大泣きの原因（ピン）は、まさに身体に不快感を与えていたピンでした。アレクサンドロスの話では、ピンとは、ブケファラスが自身の影におびえていた身体の姿勢と向きでした。

ピンはどこでも見つかります。

「人がいらだったり不機嫌だったりするのは、よく長時間立たされていたせいによることがある。そんな不機嫌にはつきあわないで、椅子を出してやりたまえ」（前掲書）

この場合のピンは「立ちっぱなしの疲れ」です。解決策はシンプルで、椅子でした。

「上機嫌というのは実に気前のいい奴なのだ。上機嫌は、何かをもらうというのではなく、むしろ人に与えている。なるほど、われわれは他人の幸福を考えねばならない。その通りだ。しかし、われわれが自分を愛する人たちのためになすことができる最善のことは、自分が幸福になることである。このことに人はまだあまり気づいていない」（前掲書）

愛する人のためにできる最善のこととは、愛する人を幸福にすることではなく、まず自分が上機嫌（幸福）になることなのです。

〈上機嫌力は、自然体を作ることから始める〉

アランが言うように、上機嫌・不機嫌は身体から直接由来します。

不機嫌な人の身体は反応（レスポンス）が遅い。たとえば、笑うべきときに笑えていません。反応が遅いのは心身が硬いことが原因です。心の硬さは身体を柔らかくすることで減らせます。

心身が硬い人は自然体ができていません。

自然体とは「柔軟な上半身」と「揺るぎない下半身」との二重構造（上虚下実）のことでした。不機嫌な人は「上虚下実」でなく、逆に「上実下虚」になっています。上半身に力が入って、緊張とこわばりが出ている。特に、みぞおち、肩甲骨、首が硬くなっています。それらの硬直を解消していく必要があります。

まず、肩甲骨をほぐすように回します。身体を揺さぶるのも大きな効果があります。

大切なのは呼吸を調《ととの》えること。リラックスして臍下丹田《せいかたんでん》に意識を集中させ、身体の中に芯《しん》と中心軸をイメージしながら、鼻から3秒間息を吸って、2秒間腹の中でぐっと溜《た》めて、15秒間かけて口からゆっくり吐きます。息は吐き切らないでください。吐き切ると、その反動で息を吸うときに肩が上がり、力むという結果に。横隔膜を十分に使って、息を緩《ゆる》く長く吐く腹式呼吸をしてください。

吐くときには、不機嫌なもの、不浄なもの、邪気なものを「ふっきる」イメージを描いてください。みぞおちや肩回りがだんだん柔らかくなる感覚が出てきます。

下半身を鍛えるのには、股関節《こかんせつ》のストレッチやスクワットなどがよいでしょう。下半身は気力と体力を生み出す原動力です。「上虚下実」の「下実」の実現を目指します。

〈「ふっきり上手」になる〉

不機嫌から上機嫌への改善は、上虚下実の自然体、呼吸法など身体を調えることから始めました。次の段階としては、上機嫌を呼び込む「意識の持ち方」をいくつかご紹介しましょう。

まずは「ふっきる」ということです。

「ふっきる」とは、**自分の中の「負の力」（悪いイメージ）を振り切り、吐き出し、払拭《ふっしょく》することです。**負の力とは、不機嫌ばかりではなく、不安、恐怖、嫉妬、羨望、強欲、羞恥心、迷い、執着など、人生の質をネガティブな方向に導く感情を意味します。

「追いすがってくる悪人の手を振り切る」「汚いものを箒《ほうき》で掃《は》き出す」「膿《うみ》を指で絞り出す」など、**具体的な身体動作としてイメージすると、より「ふっきり」の実感がわき効果が上がります。**

「ふっきる」を禅でいうと「放下《ほうげ》」となります。

放下とは、一切のしがらみ、執着を捨て去るということです。道元は『正法眼蔵《しょうぼうげんぞう》』の中で「身心脱落《しんじんだつらく》」という言葉で、一切を放下し、何も執着のない自由無碍《じゆうむげ》の境地を説きました。

〈「断言力」でふっきる〉

「断言」とは通常「はっきりと言い切る」という意味ですが、ここでは**「現状の物事を冷静**

に認識し、てきぱきと断定し、決定していくこと」と定義します。

現実をしっかりと見つめ、それがマイナスの事態だとしても、一つの事実として肯定し、受け入れて、次の段階に行くこと。何事もちゃんと受容できないと、前に進むことができません。断言とは受容の結果なのです。

『死ぬ瞬間　死とその過程について』（鈴木晶訳　中公文庫）の著者で医師のエリザベス・キューブラー・ロスは、死にゆく人々が死を受け入れていくプロセスは「否認→怒り→取引→抑鬱→受容」の5段階になると報告しています。彼らはいくつかの葛藤と「断言」を経て、ようやく死を受容することができ、安らかに旅立つのです。

死のように深刻ではありませんが、不機嫌も同様です。

人から「あなたは不機嫌な人」だと宣告されると、それを否認し、怒りに燃えたり、落ち込んだりします。しかし、それが残念ながら本当ならば、その事実を冷静に認識し、しっかり受容したうえで、「私は不機嫌な人だ」と「断言」して、次の「受容」へ一歩踏み出さないと、上機嫌への道は開けてこないのです。

私自身、20代の不機嫌状態を認識し、30代の職業的上機嫌へとつなげました。

〈「想像力」でふっきる〉

不機嫌から上機嫌への転換のカギの一つは、「思い込み」（決めつけ）から「想像力」への転換です。

思い込みは、たえず揺れ動いている気分（感情）に根差し、自分の都合で現実をとらえます。想像力は、確固たる意志を出発点とし、方向性がしっかり定まって、能動的です。

不機嫌な人は、思い込みにとらわれ、「自分は人からバカに見られてないだろうか」と、自分の無能さの露呈にいつもビクビクし、挙句《あげく》の果ては自己防衛の鎧を身に着け、ムスッと黙り込みます。あるいは、不機嫌こそ自己の知性と威厳と重要感を表出するものだと、勘違いもはなはだしい思い込みをして、仏頂面をさらす結果になります。不機嫌の底なし沼に足をとられてしまっているのです。

一方、上機嫌な人は、風邪などで自分の体調が万全でない状態でも、意志に基づいた想像力を能動的に駆使します。

もし自分が不機嫌な顔で人前に出たら、その場を「冷やして」しまうことを事前に察知し、体調不良にも「かかわらず」、上機嫌を「演じる」のが上機嫌な人の想像力の使い方です。

上機嫌な人は、意志的な想像力で不機嫌をふっきり、上機嫌を引き寄せています。「にもかかわらず」と「演じる」という言葉は、円熟した大人にとって大切なキーワードなのです。

思い込みの人（＝不機嫌な人）は気分に流され、いとも安易に状況に身を委ねてしまいます。想像力の人（＝上機嫌な人）は確固たる意志を以《もっ》て、困難な状況に対して工夫を施し、それを乗り越え、未来に向かって「ふっきって」いくのです。

〈「笑い飛ばす力」でふっきる〉

笑い飛ばすということは、上機嫌の技の中でも高度で上級なテクニックです。不機嫌な人はそもそも、ちゃんと笑うことができません。笑いは円熟した大人の重要なテーマでもあります。

笑いの理論はいくつかあります。

他人の失敗や欠点を見て笑う「優越理論」。

予期されたものが実際と違った（ズレた）ときに笑う「ズレ理論」。

流動的な生命が機械仕掛けのこわばりに出会ったときに笑いが生まれるとする、「生の哲学」のベルクソンの「生命―機械的こわばり理論」。

緊張感や性的抑圧などの心的エネルギーが解き放たれると笑うとする「開放理論」。

アランは笑いについて、『幸福論』で「幸せだから笑うのではない。むしろ笑うから幸せなのだ」という意味のことを語っています。これは**「上機嫌だから笑うのではない、笑うから上機嫌なのだ」**と言いかえられます。

「笑う」という身体運動が「上機嫌」という気分を作り出している。

これは心理学者のジェームスとランゲの「悲しいから泣くのではなく、泣くから悲しい」という有名な仮説の「笑い」バージョンに当たります。笑うから上機嫌になるのであって、上機嫌だから笑うのではありません。

上機嫌な人は、上機嫌の状態に先んじて、笑いという行為を始めています。上機嫌は待っても来ない。まず、笑うこと。身体的な行為、行動に移すこと。

キーワードは、「にもかかわらず」です。

上機嫌な人は、体調が悪い「にもかかわらず」、いやなことがあった「にもかかわらず」、意志の力で笑い飛ばして、上機嫌を誘発するのです。

〈「エスプリ」と「ユーモア」〉

『エスプリとユーモア』（河盛好蔵　岩波新書）という本で河盛好蔵氏がエスプリとユーモアのことを論じており、要約すると次のようになります。

エスプリはフランス出身で、鋭い批判性を持ち、軽妙洒脱、当意即妙、知的に物事の真理をストレートに言い当てる。機智に富んでいるが、皮肉で冷笑的。エスプリの対象は主に自分以外。エスプリの原語には「一陣の風」という意味があり、鋭く、短く、乾いた感じがする。

ユーモアはイギリス出身で、人間共通の矛盾、弱点、滑稽さをあたたかく寛大な態度で眺め楽しむ気持ちが根底にある。テーマは他人ではなく、自分の不幸、欠点、失敗などが好まれる。あえて自分を犠牲にして人間の愛すべき愚かさを披瀝《ひれき》する。ユーモアの語源には「体液」という意味があり、その人固有の人間くさい体質が現れている印象がある。

「エスプリは『お前はデクノボウだ』と言い、ユーモアは『俺はデクノボウと言う』」という河盛氏のまとめの言葉が二つの特徴を端的に捉えています。

エスプリはいわば頭脳派で、ユーモアは身体派です。

才気煥発でアグレッシブなエスプリ気質は、常在戦場の現役時代の武器といえます。

一方、泥臭いが身体性を大切にし、人生の酸《す》いも甘いもかみ分けたユーモア気質は、円熟した大人の傍《かたわ》らが似合います。第二次世界大戦中、ナチスの圧倒的な攻勢を跳ね返したチャーチルの「にもかかわらず笑う」というユーモア精神は見習うべきお手本です。

〈「自分を笑い飛ばす」ことは自己客観視〉

「自分を笑い飛ばす」ということは、ユーモアの精神と同様、自分のことをデクノボウと認め、受け入れ、断定することです。上機嫌な人は、自分も含めたうえで、人間全般の弱さ、愚かさ、業《ごう》の深さを優しい視線で客観的に眺めることができる人間通なのです。

「笑い飛ばす」の「飛ばす」という動詞は身体的かつダイナミックで、そこにはやはり強い意志が感じられます。**上機嫌と笑いは、感情ではなく、意志の産物なのです。**意志はいつもカラリとして健全です。

「笑い飛ばす」には「自嘲」の意味はありません。自己を軽蔑せず、卑下せず、嘲《あざけ》りません。

中島敦の『山月記』の後半に「袁傪《えんさん》は昔の青年李徴《りちょう》の自嘲癖《じちょうへき》を思出しながら、哀《かな》しく聞いていた」（『山月記・李陵』中島敦　岩波文庫）という部分がありますが、残念ながら李徴は自分のことを笑い飛ばすことはできなかった。自分ごと笑い飛ばしていたら、虎にならなかったかもしれません。

自己卑下は自己欺瞞《ぎまん》です。自らに嘘をついています。

日本は古来、謙虚・謙遜の精神を美徳としてきました。その精神はもちろんいい面もありますが、決定や判断を主体的な特定の人間でなく空気のような「場」に委ねて、責任の所在を曖《あい》昧《まい》にするというマイナスの面があります。

無自覚な謙虚・謙遜が行き過ぎると、悪《あ》しき自己卑下に陥る可能性があります。

自己卑下をして「頭を低く」しておけば、人からは打たれないし、たとえ世間が評価・承認してくれないとしても、自分は「最初から勝負から降りているので」プライドも傷つかない。

先回りの自己防衛・自己保身は、不機嫌な人の特徴です。

自己卑下は、間違った自己承認欲の裏返しです。

卑小な自己愛は、未来に向かって創造性を発揮できません。

ニーチェはそこのところを容赦なく批判しています。

〈「自画自賛」上手になる〉

上機嫌の達人になるためには、自画自賛をお勧めします。

謙虚・謙遜の精神が浸透している日本では、多少違和感がある言葉だとは思いますが、前項で述べたように、いたずらに不機嫌な自己卑下、自己欺瞞の病にならないためにも、あえて提案いたします。

自画自賛と自慢は違います。

自慢とは、自分の行為や成果物に対して、子供の無邪気さを以《もっ》て自分の主観的な優位を誇ること。それは、自分を他者から切り離し、自分だけを際立たせる行為です。

一方、**自画自賛とは、客観的に良いと自分が判断したら、「良い」と素直に内外に断言できる力のことです**。「客観的に良いと自分が判断したら」という文章は、自分の判断は主観ですから一見矛盾していますが、ここでの「客観的」には「自分の中にある他者の眼」（内在化された他者）が含まれおり、それが自画自賛の客観性を保証しているのです。

〈自画自賛は、他者とつながる手段〉

自画自賛とは、他者とのつながりの中でのふるまいです。

他者との分断をはらんでいる自慢とは違います。

誰が作り出したのであれ、その場で生まれた新しい価値を客観的に評価し、皆と共有していこうとする姿勢。自分が作ったものなのに「これは本当にいいね、でも、これ、誰が作ったんだっけ」と本気で称賛できるカラッとした感じ。

ニーチェは自著について、『この人を見よ』で圧倒的で見事な自画自賛力を発揮します。

「なぜ私はかくも賢明なのか」「なぜ私はかくも良い本を書くのか」と「自画自賛力」は絶好調です。(『この人を見よ』西尾幹二訳　新潮文庫)

自画自賛には、自分と同様に他者に対する愛情と敬意が含まれており、他者とつながっているという点で自己肯定に直結しています。

自己肯定も「技」の一つですから、自然には得られず、学びと修練が必要です。

自分を愛し、自分を肯定する「技」を身につける必要がある。しかし自分を愛することは簡単なようで、実は難しい。

ニーチェは『ツァラトゥストラ』の中でこう言っています。

「おのれを愛することを学び覚えよ」という命令は、きょうあすに達成できるようなことではない。むしろそれは、あらゆる技術のうちで、もっとも微妙な、もっともこつと忍耐を必要とする、最終的な技術である。(『ツァラトゥストラ』手塚富雄訳　中公文庫)

〈「自己客観視」上手になる〉

自分で自分を客観的に見ることは難しい。

過剰に甘く見るか、過剰に厳しく見るかのどちらかに偏《かたよ》りがちです。自分の頭の中にある鏡で見た自己像は、自己愛と自己嫌悪で歪んでいるかもしれません。

過不足なく自分を「中庸」の眼で客観的に見るのは至難の業なのです。

自分客観視の一つの方法には、実際の他者を通しての観察があります。

リアルな他者に明澄《めいちょう》な鏡になってもらう手法です。恋人が自分のことを怪訝《けげん》そうに見ていたら、自分はそのまま「相手を怪訝そうにさせる自分」以上でも以下でもないという考え方です。

もう一つの方法は、前項で述べてきた「自分をふっきる」技です。

自分をふっきるとは、自分から離れるということ。自分から離れたところに現れる「もう一人の自分」と心で対話するということ。

「もう一人の自分」には「内在化された他者」があらかじめインストールされています。

内在化された他者とは、生まれた瞬間から関係してきた両親や友人、教師、上司、部下など、すべての他者の思考・感性・価値観はもちろん、意識的・無意識的に習得してきた自国の文化、言語、習慣や常識すべてを含む概念です。

詩人の谷川俊太郎さん曰《いわ》く、

「言葉というのはいくら自分の言葉だと思っていても、そこに他人と共通する言葉がある。赤ちゃんが生まれて聞く言葉は、全部他人の言葉ですよね。それらを耳で聞いて、だんだん『自分の言葉』にしていくわけだから、言葉の中に常に自分と他人が含まれていると思うんです」
（『DREAMS　夢への道のり』J-WAVE編　ぺんぎん書房）

自己を見る自分の眼差しにはいつも、自分の中の「他者の視線」が含まれていることを忘れないでください。**実在する「自分の外の他者」と内在化されている「自分の中の他者」を自己客観視にうまく有効活用するのです。**

自分に密着し添いすぎると、幼児のような唯我独尊の「主観の沼」にはまる。それでは困るので、自分自身からずれていき、少し離れてみる。自分の姿が少し見えてくる。

その次は「ふっきる」ように思い切ってずれてみる。するともっとはっきり自分の全体像が客観的に見えてくる。

世阿弥は「離見《りけん》の見《けん》」と言いました。自分が今舞台で演じている能を、そこから離れた観客席でもう一人の自分が見ているように演じなさいという教えです。

「ふっきるように」思い切って自分から離れて、内外の他者の眼を通して自分と対話すること。

それが「自己客観視」の要諦《ようてい》です。

〈上機嫌を招く簡単テクニック〉

自分も上機嫌になり、相手も同様に上機嫌になるコミュニケーションの基本は次の4つです。

①目を見る　②微笑む　③うなずく　④相槌《あいづち》を打つ

メラビアンの説というものがあります。

人が話しているとき、聞き手は話し手の話の内容からよりも声の高低・声量・トーン・テンポなど聴覚的情報と、表情・しぐさなどの視覚的情報から話し手を判断しているという仮説。言語情報（話の内容）が7％、聴覚情報が38％、視覚情報が55％と言われています。この仮説は、人は話の言語内容より声とか顔の表情などの「身体性」を通じて相手を読み取っているということを表しています。

「あの人の言っていることはなるほどもっともなことだと思うが、なんとなく信用ができないなあ」つまり「腑に落ちない」。頭では理解できるのだが、身体では分からない、分かりたくない。

そのように、人は、思っている以上に「身体で会話」をしているのです。

①～④は上機嫌な人間関係を築くための非言語コミュニケーション的身体所作です。

①目を見る

人となかなか目を合わせられないのは、上機嫌・不機嫌以前の問題。不信感さえ与えかねません。相手の人格への配慮に欠ける。お互いの視線を結ぶことで人はつながりを感じます。視線には自分の考えや感情を乗せることができます。目線が合うと聞き手の意識も高まり、しっかり伝わるようになる。ただし、目を見続けると、威圧感と居心地の悪さを相手に感じさせるのでほどほどに。

②微笑む

人は自分が話している最中、不安にかられていることが多い。聞き手が無表情だったら、話者は拒否されているように感じます。不安を感じながらの話はますます自信なさげに揺らいでいきます。そこで微笑むと、話者は自分の存在を受け入れられていると安心します。微笑は、相手に好感を伝える、とろけるような波動。好意を与えると好意は返ってきます。アランは微笑みのことを「安全かつ力強い装い」と太鼓判を押しています。

③うなずく

「あなたの話を聞いていますよ」という身体的サイン。承認や同意を表します。うなずくことによって「見た目の好ましさ」「近づきやすさ」「性格の好ましさ」などが上昇するという研究もあります。うなずくかわりに首を傾《かし》げたり、ひねったりすると、話者に対し無言の抵抗や疑問を呈していることになり、敵対的な雰囲気になります。

④相槌を打つ

相槌はうなずきとセット。二人の間に形成されている「場」にはお互いの身体性が浸潤《しんじゅん》し合い、重なり合っています。お互いに溶け合っています。それを意識して、相手の身体性のリズムに同調・同期します。

第4章 大人のコミュニケーション力

60歳からの交際術

第2章では、精神的な自己の存立と対人関係の基点には「身体性」があり、円熟した大人にはその理解と実践が必要であると述べました。

第3章では、円熟した大人が身につけるべき身体性の実践的具体例として「上機嫌の技」を提案しました。

そしてこの第4章では、2章、3章の知見を踏まえつつ、「身体性」や「場」に基づいた、もっと広範囲の人間関係術、交際術、コミュニケーション術の基本的な理論背景を見ていきたいと思います。

60代からのコミュニケーションは、経済主義・競争主義・論理主義・成果主義の真っ只中にあった現役時代のものとはかなり様相の違ったものになります。

頭をフル回転させたプレゼンも説得も論争も、以前のようには必要ありません。利益と打算が見え隠れする駆け引きもありません。

それは、もっと力の抜けた春風駘蕩《しゅんぷうたいとう》としたもの。目的地を決めない気ままな旅のようなもの。

60代では、人間の機微《きび》にしっかりと触れ、それをゆっくりと「味わう」ような、コミュニケーション、付き合い方をしたいものです。

〈雑談名人を目指す〉

街中の立ち話やスナックでの会話のような短い時間での雑談。

しかし、たかが雑談と侮《あなど》るなかれ。一見気軽に見える雑談ほど人間の「肚《はら》」が試される会話はありません。**短い時間の雑談の中には、あなた自身の人格、知性、感性、社会性、無意識、つまり、あなたの今までの全人生がすべて凝縮している**と言っても過言ではないのです。

「経営者の仕事は決断と雑談」とも言われているように、雑談はないがしろにはできません。

しかし、そうは言っても、私たちの立場ともなると、そんなに構える必要もありません。

「たかが雑談、されど雑談」のニュートラルな気持ちでいましょう。

雑談力の一つには、相手との身体的、心理的距離を縮め、心地よい「場」を作る力があります。それには絶妙な「場の感覚」が必要です。

お互いの拡張された身体性が無意識に感じ取られている場。声や息づかい、目線、しぐさなどを媒介とした、お互いの身体が共鳴する場。

そのような場の特性をよく理解し、感じ取り、使いこなせる「場の感覚」を身につけなければなりません。

経歴や地位、知的能力などとは関係のない、むき出しの「生身の人間」がさらされ、人間的魅力が容赦なく試される土俵が、雑談の場なのです。

雑談にもキャリアや年齢に応じた段階があります。

現役時代の雑談。円熟期の大人の雑談。自ずと雑談の型と技は違ってきます。

ビジネスの現役時代の雑談は、雑談の後に控える商談や会議などの前哨戦《ぜんしょうせん》としての位置づけがありました。初対面の相手だったら自己紹介をしたり、既知の相手だったら軽く近況を交換し合ったりしてお互いの緊張をほぐします。次の本戦に向けてのウォーミングアップの段階でした。商談の成立や会議の成功など、先の目的を目指すプロセスの初期「手段」としての雑談でした。

円熟期の大人の雑談は違います。

さしたる目的もありません。何かの結論を得る必要もありません。雑談は手段でもないのです。**雑談に始まり雑談に終わるのが、円熟期の大人の雑談なのです。プロセス自体がすべてで、目的なのです。**

〈コミュニケーションの可否は「場」が決める〉

お互いの身体性が溶け合っている空間が場でした。お互いの身体感覚の無数の束が延長し合い交錯し合っている場の身体性を通じて、人はコミュニケーションをします。

場とは、その時その場限りの一回性のものです。同じ二人が次に同じ場所、同じ状況で会っても、交わされた言葉は再現可能ですが、場は二度と再現できません。

無言で二人が向き合っただけでも、すでに「会話」は始まっています。

あなたの肌感覚が、相手の微妙な息づかいやまつ毛などの動き（身体性）を感知し、相手が何を考えているか、相手が何を感じているかなどの探索がすばやく開始されます。目線、微笑み、しぐさ、咳払い、これら無言の身体表現が、お互いに言葉を発する以前に、場をいち早く形成し、状況を暖めたり、冷やしたりするのです。

コミュニケーションは、言葉ではなく、まずは場によって起動されます。身体性や感情にひもづいた場が、コミュニケーションのゆくえを大きく握っているということをしっかりと押さえておいてください。

会話のコミュニケーションは、内容を伝える「言葉」と、その内容を裏で支える「場」で成り立っています。場の重要性は言わずもがなですが、もちろん言葉も人類が発明した大切なツールです。ここでは言葉の特性についても理解しておく必要があります。

〈「意味」の意味、「感情」の意味〉

会話の言葉は「意味」と「感情」に分解できます。

まず言葉の「意味」とは何でしょうか。

意味には「概念」「理由」「価値」という3つのニュアンスの違った内容があります。

「概念」としての意味とは「何か対象を表す名前」のことです。課長に「ニュアンスとはどういう『意味』？」と問われて、「微妙な色合いや、そのわずかな差異です」というふうに辞書的に答えることができる類《たぐい》のもの。

「理由」としての意味とは、課長に「そのふてくされた顔はどういう『意味』ですか？」と言われて、「課長が理不尽な仕事を押しつけるからです」と「わけ」を説明できる類のもの。

「価値」としての意味は、実存的な価値ということ。

「人生の『意味』とは？」と問われて、『夜と霧』の著者のフランクルが「私たちが人生から何を期待できるかが問題なのではなく、むしろ、人生が私たちに何を期待しているかが問題なのである」というような、人間存在に関わる根源的な「価値」としての答えが返ってくるような類の意味のことです。

ここでは、問題を簡単にするために「概念」と「理由」を一つにして「**情報的意味**」とし、「価値」をそのまま「**価値的意味**」とします。

次に「感情」です。感情にも2種類あります。

一つ目は日常の喜怒哀楽を表現する「**表層的感情**」。

課長に理不尽なことで叱られ、「頭にきた！」と言う場合、この怒りの表現は誰もが分かりやすく了解可能です。「表層の感情」とは、社会規範の範囲内で皆が納得できるという意味で「建前」的です。

もう一つの感情は「深層的感情」。

たとえば、学徒出陣する大学生が「お国のために喜んで行って参ります」と言ったとき、「喜んで」は建前で、それと裏腹の本音の感情が胸の奥にあることが予想されます。

感情が複雑で隠されているという意味で「深層の感情」は「本音」的です。

〈「意味」と「感情」の座標軸〉

議論を分かりやすくするために「意味」と「感情」の座標軸を作りましょう（**図表1参照**）。

X軸を「感情」の軸、Y軸を「意味」の軸とします。X軸の右方に行けば行くほど「深層」的になり、左方に行けば行くほど「表層」的になります。同じく、Y軸の上方に行けば行くほど「価値」的になり、下方に行けば行くほど「情報」的になります。

まずCゾーンから説明します。

Cゾーンではコミュニケーションの内容が、意味面では「情報」的、感情面では「表層」的です。この領域は現役時代の雑談のパターンが当てはまります（この当てはめは、厳密なものではなく、傾向としてということです）。

初対面の相手なら、とりあえず距離を縮め、相手の空気をつかみ、相手の最低限の情報をゲットします。相手が同僚や後輩なら、仕事やプライベートの最新情報を短時間で軽く交換し、その時々の相手の感情のレベルを確認したりします。「深い話」や「深い感情」のやりとりはありません。

次はDゾーンです。

Dゾーンは、意味の面では「情報」的、感情の面では「深層」的です。

この領域は現役時代のビジネストークのパターンが当てはまります。

最前線のビジネスの世界では、プレゼンテーション、ディスカッション、ネゴシエーションなどのように、会話は情報を巡《めぐ》る戦いの様相を呈しています。会社のために有益な情報を追いかけたり集めたりして、ライバル社に伍《ご》していかなければなりません。また色々な情報を組み合わせて、新しい商品やサービスを創出していく必要もあります。一番情報度が高いゾーンです。

感情面では「深層」的です。「わが社の売り上げが№1になった、やったぜ！」とか「売り上げが下がっちゃった、残念！」というふうに企業人の「本音」が入っています。このゾーンはアグレッシブ（攻撃的）な論理がものを言う現役バリバリの領域です。

〈円熟した大人同士の雑談「Aゾーン」〉

Bゾーンは、コミュニケーションの内容が意味の面で「価値」的で、感情の面で「表層」的

図表1 「意味」と「感情」の座標軸

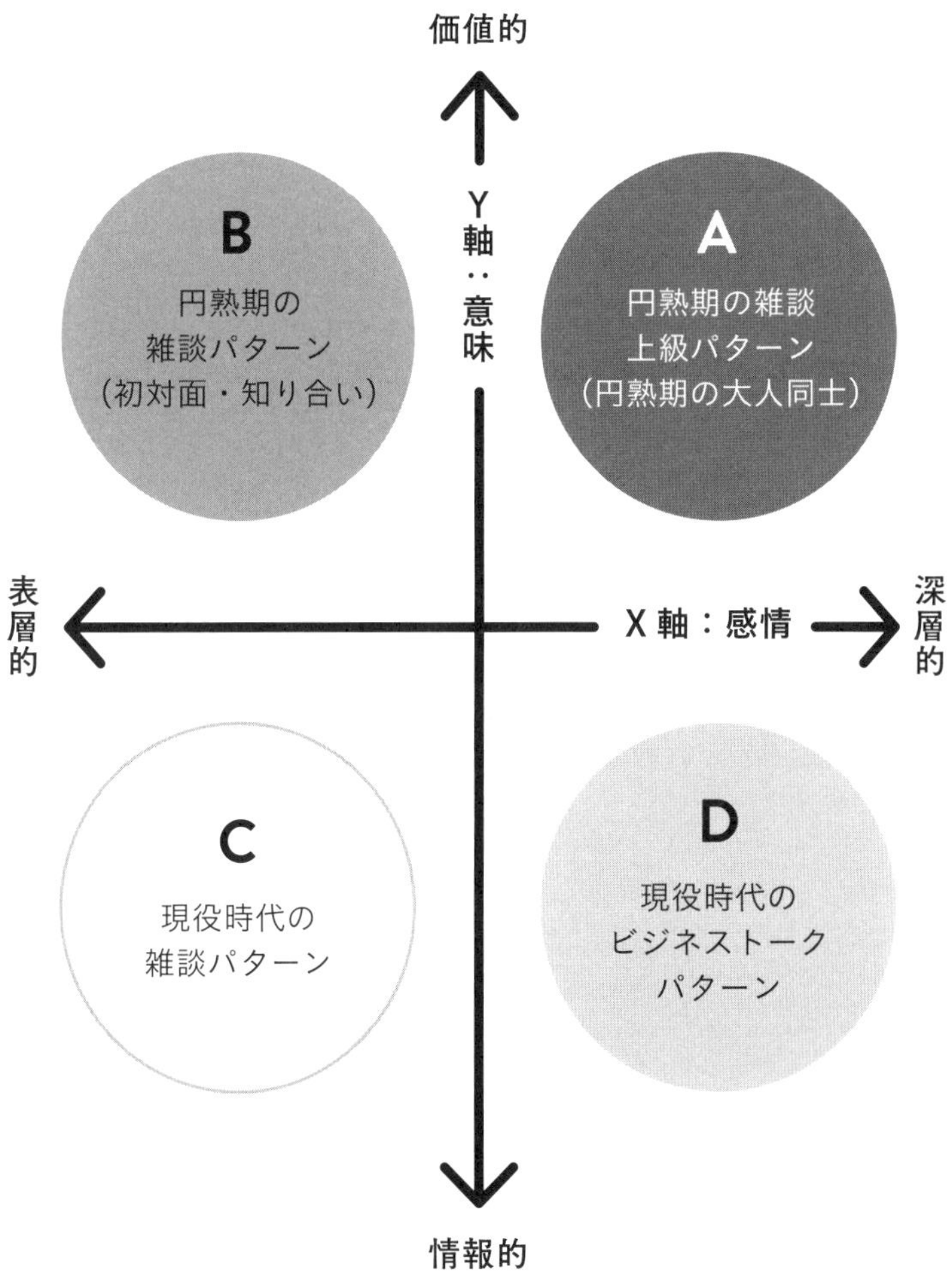

です。この領域は、円熟期時代の雑談のパターンが当てはまります。ただし雑談の対象は、初対面の人か知り合い程度の人です。

円熟期の人にとっては、効率や功利を目指す「情報」ではなく、天気や自然のこと、健康のことなど「とりとめがなく、他愛のない」話が話題の中心になります。しかし、その中には「人生の滋味《じみ》」が隠れている可能性があります。ただし相手が初対面の人やあまり懇意でない人ですから、すぐには「深い感情」の交歓は望むことができないでしょう。

最後のAゾーンは、コミュニケーションの内容が意味の面で「価値」的で、感情の面では「深層」的です。

Aゾーンは雑談は雑談でも、Bゾーンの円熟期の雑談パターンをもっと成熟させた「上級パターン」になります。お相手は、私たちと同じような「円熟した大人」が想定されます。

このゾーンの会話の内容では、何かに役に立ちそうな情報とか儲《もう》かりそうな情報はありません。周りの人が聞いていたら何の内容もない会話、**まるで小津安二郎の映画を見ているような淡々とした会話が展開します。しかし、そのうちに、人生の深い意味や価値に触れるような領域に入り込んでいきます。人生の安寧や苦渋についての言葉が知らないうちに端々《はしばし》に漏れるようになります。**

感情面では建前ではなく、本音の裸の感情が自然と吐露されてきます。現役時代は我慢していた、子供の頃の趣味を最近再開した話をして、何十年ぶりに生き生きしている自分を発見するということもあるかもしれません。

Aゾーンはディフェンシブ（守備的）ですが、実はここが一番クリエイティブなコミュニケーションを生み出す可能性のあるゾーンなのです。

〈「文脈」は「流れ」と「つながり」〉

場は「文脈」でもあります。

文脈とは「流れ」と「つながり」（関係性）のことです。

場とは、自他の身体性と感情が、折り重なり、うごめき、生成しては消滅している小宇宙ですから、元々ダイナミックです。しかし、いったん会話が始まると、場に文脈（流れ）ができて、よりいっそう活性化し、ダイナミック度が増加します。

流れが自分と相手の双方向に生まれます。流れができると「つながり」（関係性）ができます。

人は「つながる」こと自体に価値を見出します。人間は何のためにコミュニケーションをするのかと言えば、かけがえのない「つながり感」を感じたいがためなのかもしれません。

つながっては、ほどける。ほどけては、つながる。この子供の遊びにも似た繰り返しが、人間には本源的に楽しいのではないかと思われます。

「お互いの存在の確認をしたい」「あなたと話がしたい」「あなたと時間と空間を共有したい」という人間の存在に根差した原初的な意思があるのかもしれません。

〈人は話すだけで、4本の文脈でつながる〉

「今年も桜が咲きましたね」

この他愛のない発話一つに何本の文脈（流れ＋つながり）が発生し、つながってくるのでしょうか。

まず1本目の文脈の行き先は、当然のごとく、相手です（図表2①）。お互いに共有している「身体的な場」も含んだ、会話の相手です。

この発話は単なる「桜の開花」という情報の報告だけではなく「一緒に花見に行きませんか」という勧誘の裏の意図があるかもしれません。

2本目の文脈の線は、自分とのつながりです（図表2②）。

相手と何かを話し始めたと同時に、自分との内面的な会話もスタートしています。自分の内部の経験知や常識の中から色々なものを参照し、随時取り出しながら話しているのです。

私が「今年も桜が咲きましたね」という言葉を発するとすぐに、私の記憶の中の桜がよみがえってきています。

私の桜のイメージは、私の個人的な記憶の中にある、去年見た東京の千鳥《ちどり》ヶ《が》淵《ふち》の桜かもしれません。そのとき、私は私と会話をしているのです。

文学者の河盛好蔵氏はこう述べています。

図表2　4つの文脈

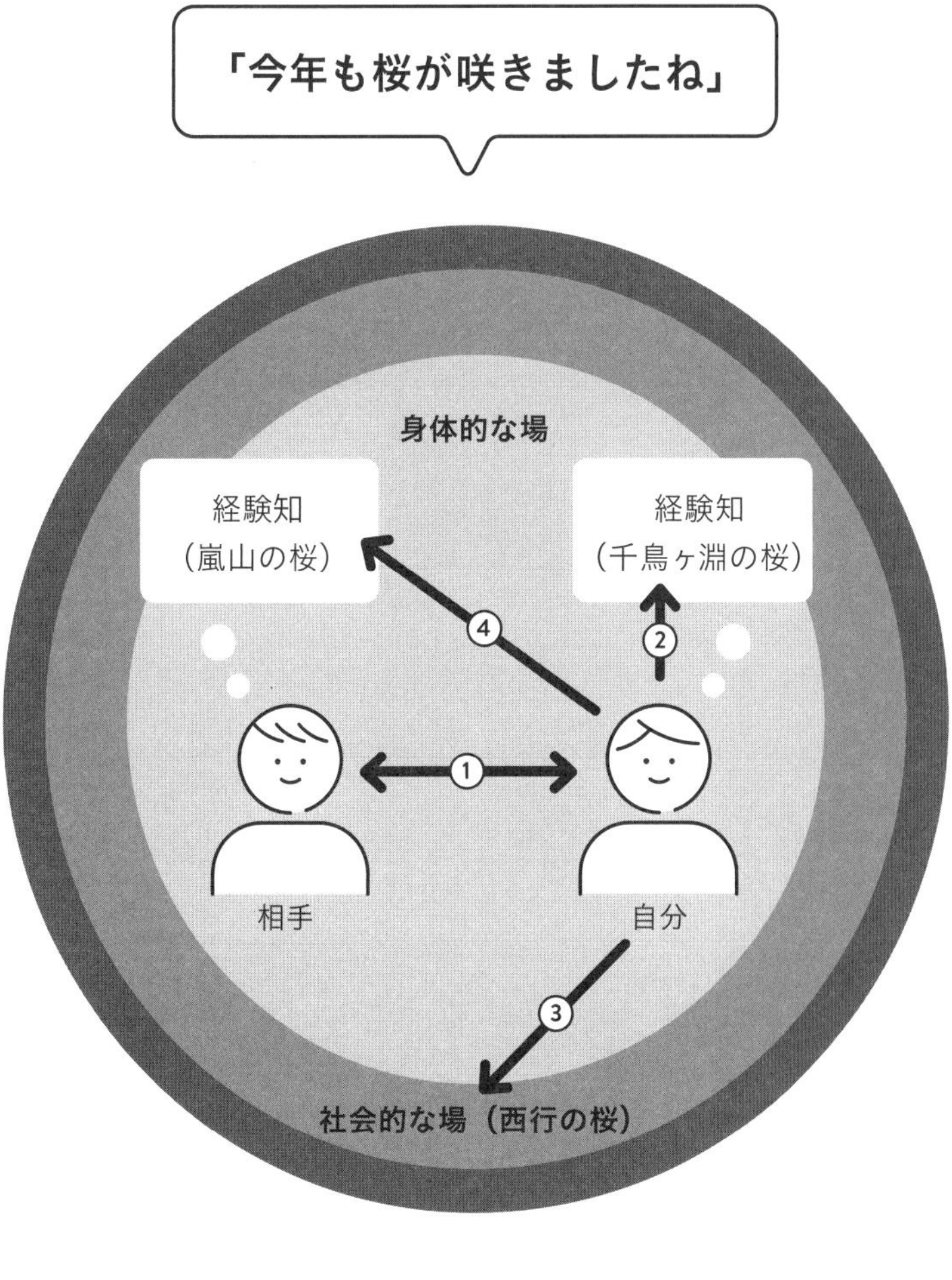

世のなかで、自分の言うことにいちばん耳を傾けているのは、ほかならぬ自分自身であることを知っておくのはむだではあるまい。(『人とつき合う法』河盛好蔵　新潮文庫)

3本目の文脈の流れは「社会的な場」へと向かう流れです（図表2③）。

一番身近な身体性という場の外側には、社会的な複数の場が幾重にも層を成して、私と話し相手を取り囲んでいます。

共同体の場の層、言語の場の層、文化の場の層などがそうです。これらを一括して「社会的な場」と呼びましょう。

それらは暗黙のルールや規範として私たちに強い影響を与え続けています。

「目上の人に逆らってはいけない」「葬式では、はしゃいではいけない」など社会的に共有されている文脈です。

桜の花と言えば、日本文化にとって重要な必須ワードです。

桜という言葉で、私や相手の中に、たとえば日本文化という「社会的な場」との文脈がカチッとつながり、活性化されるかもしれません。そのとき、西行の「願はくは花の下にて春死なむその如月《きさらぎ》の望月《もちづき》の頃」という和歌が私や相手の中に想起されるかもしれません。私と相手は、3本目の文脈を介して、日本文化の層（場）と交信し始めるのです。

桜というたった一つの言葉で、私たちはそれに触発され、重層している「社会的な場」のどれかと感応し合い、文脈でつながり合っていくのです。

〈もう一つ大切な4番目の文脈〉

もう一つ大切な文脈のつながりがあります。

相手の中にある個人的な「経験知」とのつながりです（図表2④）。

私がそうであるように、相手も内部の自分との会話をしています。それを意識して、相手の経験知にまで文脈の触手を伸ばしていき、複合的に会話を進めることは、極めて卓越した円熟のコミュニケーション術なのです。

私が「今年も桜が咲きましたね」と発話した場合、私の内部の経験知では「桜」は千鳥ヶ淵の桜をイメージしていました。しかし、相手の経験知の中では、違った場所の桜をイメージしていると想像する必要があります。相手の故郷が京都なら、嵐山の桜をイメージしているかもしれません。

同じ桜という言葉一つでも、個人的な経験知によってイメージするものは人それぞれ千差万別です。それを意識していないと、独りよがりになったり、決めつけが起こったりします。

相手は相手の内部の自分と不断の会話をしているという想像力、相手の経験知から引き出される判断や感覚は人それぞれ違うという想像力は、人付き合いにおいて大前提とすべき大変重

要な技なのです。

河盛好蔵氏は『人とつき合う法』の中で、哲学者ベルクソンが次のように語っていると書いています。

> 知性の礼儀とは、他人の立場に身を置いて、彼らの仕事に興味をもち、彼らの思想を自分の思想とし、ひと口で言えば彼らの生活を再び生き、自分自身を忘れる能力である。つまり自分の精神を思うがままに、さまざまの形に作りかえうる能力であって、それが社交的な礼儀とよばれうるものである。(前掲書)

相手の経験知のところまで文脈の触手を伸ばして、相手の「生活を再び生きる」ことができる人は「熟達の社交家」と言えます。

身体性の場を含めた相手との文脈、自分の経験知との文脈、重層している「社会的な場」との文脈、そして、相手の経験知との文脈。

人一人と会話するとき、これら最低4本の文脈が立ち上がり接続するという意識を持つことが、コミュニケーション名人への最短の近道となるのです。

〈コミュニケーションの「二重性」に気をつける〉

コミュニケーションには、メッセージとメタメッセージがあります（図表3参照）。

メッセージとは、話の内容の意味そのもののことです（「内容レベル」のメッセージ）。

メタメッセージとは、その話が相手に伝えられたときに生じる、二人の関係性を取り込んだ、言葉を「超えた」意味のことを指します（「関係レベル」のメッセージ）。

ある人に向かって「今日は暑いですね」と言ったとします。

その人は黙ってクーラーをつけてくれました。この場合、「今日は暑いですね」が、言葉の内容の意味そのもの（メッセージ）です。「今日は暑い」という気象的事実に基づく感想を字義どおり述べたまでのことです。

ところが、ある人はその意味を「暑いからなんとかしてほしい」という言外のメッセージ（メタメッセージ）として受け取り、クーラーをつけるという行動に出たのです。

メッセージをコンテンツ（内容）、メタメッセージをコンテクスト（文脈・場・状況）と読みかえても同じです。

日本人はよく「ハイコンテクスト民族」だと言われます。言葉の内容以上に、その言葉にまつわる人間の関係性、メタメッセージを重視するからです。「空気を読む」ことや「忖度《そんたく》」「阿《あ》吽《うん》の呼吸」が得意な国民性なのです。

図表3　コミュニケーションの二重構造

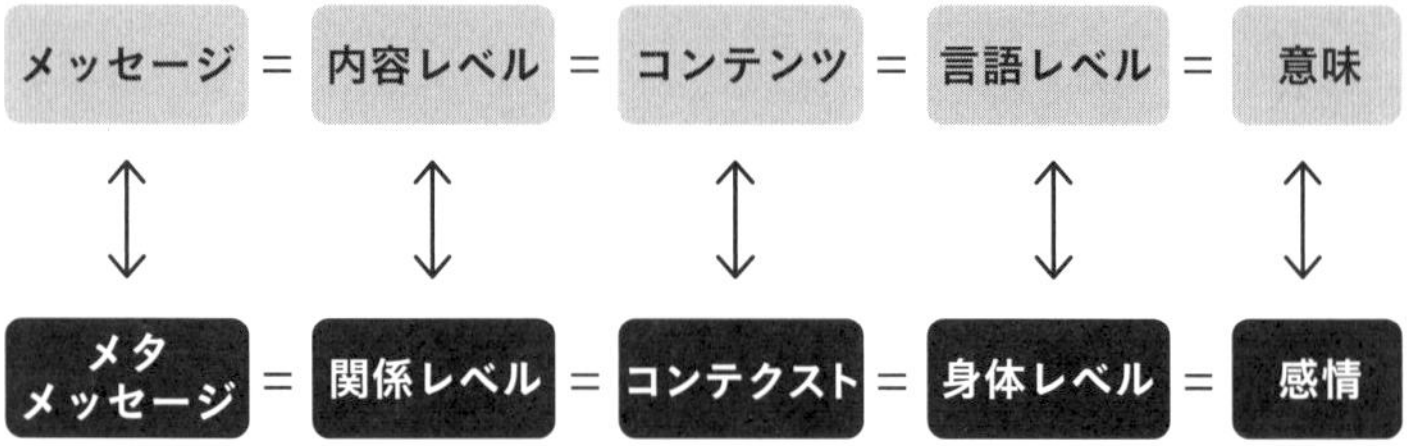

また、**メッセージのことを「言語レベル」のメッセージ、メタメッセージのことを「身体レベル」のメッセージと読みかえることもできます。**

文化人類学・精神医学の研究者グレゴリー・ベイトソンが作ったダブルバインド（二重拘束）という概念があります。

ダブルバインドとは、メッセージ（言語レベル）とメタメッセージ（身体レベル）が矛盾するコミュニケーション状況に人が置かれることを意味します。

よく引き合いに出される例は次のようなものです。

親が子供に「こっちへおいで」と言っておきながら（言語レベルのメッセージ）、いざ子供が近寄ってくると、親がふと身を引いてしまう（身体レベルのメッセージ）ということがあると、今度親に呼ばれたときに、それを無視すると怒られ、近寄っていっても拒絶されるのではないかと子供は悩んでしまう。つまり子供は矛盾の中に放り込まれ（ダブルバインド）、どうすればいいか分からなくなる。言葉の文字どおりの意味（言語レベル）にしか反応しなくなるのも問題ですし、言葉に表されていない意味（身体レベル）にばかりに気をとられるのも困ったことになるのです。

人間のコミュニケーションには、**常に、メッセージ（＝コンテンツ＝言語レベル）とメタメッセージ（コンテクスト＝身体レベル）という二つの異なる階層が同時に走っている**ということを、知っておく必要があります。

第5章 〈添う力〉

〈まず「添う」こと〉

コミュニケーションの基本は、まず「添《そ》う」ことにあります。

「添う」というのは具体的に言うと、主に「聞く」という行動です。

まず人の話を聞くということが、自分が話すことより重要です。 しっかり相手の話を聞くことによって、相手の考えや感情に寄り添い、ひいてはそれが相手の存在を尊重することにつながるからです。添われることによって相手は安心して、安定した方向へ向かって話を進めていけるのです。

しかし、一方的に愚直に聞いてばかりいては、話の流れに新たな展開が見えてきません。話が単調な一方通行の起伏のない一本道で、先のほうに目的地まで見えてしまったら、人は急激にそのコミュニケーションに興味がなくなります。

どんな些細《ささい》なコミュニケーションでも、当事者たちは、**会話という小旅行の途中やその先の目的地に、思いもかけない何か新しい発見があることを無意識に望んでいるところがあるので**す。

〈次は「ずらす」〉

そのためにも、話の流れに変化を与える「技」が必要になってきます。

それが「ずらし」です。話の本流から少し流れの方向をずらすのです。

ずらすということは相手をミスリードしたり、こちらの利益になる方向に誘導したりするということではありません。あくまで、話を広げたり、話に新しい意味を付け加えたり、話を活性化したりして、**お互いにとって少しでも会話を祝祭的でクリエイティブなものにすることが目的です。**

「祝祭的でクリエイティブなコミュニケーション」という最終目的の前では、添うもずらすも同等の価値を持っています。どちらかが主でどちらかが従ということではありません。**添うとずらすは状況によって臨機応変に反転します。**

「添いつつ、ずらす」もアリで、「ずらしつつ、添う」もアリというわけです。

〈「添いつつ、ずらす」は東洋的な考え方〉

西洋の考え方の基本には弁証法というものがあります。

あるテーマ（定立）の後に、それに反するテーマ（反定立）を対立させ、それらの矛盾状態を統合することによって解決に導くというものです。

弁証法はギリシア語でディアレクティケー（問答術）、今でいう会話という意味です。西洋では矛盾を嫌い、矛盾をきれいさっぱり排除しようとするアグレッシブな態度をとります。

一方、東洋ではそのような考え方はしません。

矛盾を矛盾のまま保存してしまいます。おおらかで平和的です。

タオ（道）や陰陽思想の考え方では、「Aである」と「Aでない」はお互いに「含み含まれ」の関係にあるとします。矛盾をそのまま全体の中に包摂します。

東洋人は、世界や宇宙のことを、網の目のように複雑に絡まりお互いに関連し合い、絶え間なく相互作用しているものと考えました。彼らにとって世界で起こる複雑な出来事は、常に様々な力が集まる錯綜《さくそう》した連続体である「場＝状況＝文脈」の中で起こるのです。

東洋の考えでは、物事の離合集散、千変万化が宇宙の常態なのです。

〈らせん状に上昇していく会話〉

東洋ではコミュニケーションにおいても陰陽思想的な考え方を適用します。

東洋の対話は、西洋のように弁証法的に対立的・直線的に動くのではなく、**矛盾を許容しながら、行きつ戻りつの「らせん」を描きながら曲線的に上昇していくイメージ**になります。

コミュニケーションにおける「添いつつ、ずらす」という考え方は、添うべき相手や添うべき話の流れの本流をキープしながら、それにずらしというアレンジを加えていきます。

ずらしは流れの本流を完全に否定しません。

本流と「ずらし＝アレンジされたもの」の間に多少矛盾があっても、あまり気にしません。しょせん森羅万象は、場という全体の中ではいずれ変化していくのですから。東洋人は矛盾の解消を追求するよりも、「文脈＝場」での矛盾の自然な生成を重視し、優しく見守ります。

「添いつつ、ずらす」という技は極めて東洋的で、それゆえに私たち日本人の体質や生理にフィットするのです。

〈至るところで見つかる「添いつつ、ずらす」〉

「添いつつ、ずらす」技は、日常生活において至るところで垣間見ることができます。

社交ダンスでは、相手の動きに「寄り添い」つつ、音楽の節目で身体を「ずらし」、次のステップに誘導していきます。

合気道では、いったん相手の動きのベクトル（方向と力）に「添い」ながら、あるポイントで「ずらす」ことによって自分に有利な体勢にもっていきます。

野球でのバッテリーの配球では、最初の2球は直球でバッターの脳裏に球種と球筋を「添うように」イメージさせ、次の変化球で打者のイメージを「ずらし」て打ち取ります。

テレビなどで「添いつつ、ずらす」技が見られるのは、お笑い、特に漫才です。

漫才の流れの基本構造には「フリ」「ボケ」「ツッコミ」という型があります。

フリとは話題を「振る」ことで、場面設定のことです。皆が了解している「常識」を前提として仕込みます。

ボケとは、場面設定をされた常識に対して「意外性」をぶっつけ、常識の思い込みを粉砕します。常識との乖離《かいり》（落差）が大きいほど笑いは生まれやすくなります。

ツッコミは、ボケの意味と輪郭をより明確化し、ボケを際立たせる機能を果たします。

こういった笑いの構造の中で、**フリが「添う」ことです**。皆の常識に添うように、フリを設定します。そして、**ボケが「ずらす」です**。フリの常識に対してずらすように、反常識をぶつけて、ボケます。

このように「添いつつ、ずらす」の技は、広い意味でのコミュニケーション・シーンの至るところで日常的に大活躍しているのです。

〈「添う」力〉

相手の話の文脈に添い調子を合わせていくことは、一見受動的に見えますが、添おうとする意思を以《もっ》て積極的、意識的に動いているので、「積極的受動性」ということが言えます。

「添う」力とは「積極的受動性」の力のことを言います。

積極的受動性というのは「偶然に遭遇した物事に対して、どうなるか分からないが、とりあえず受け取ってみる。もしかしたら、それがいいものかもしれないという前向きな気持ちを以《もっ》て、自分を開いていく」姿勢のことで**「偶然を必然に変える力」**とも言えます。

コミュニケーションの場でいえば、「目の前の相手との会話がどういう方向にいくのかまだ分からないが、何か面白いことに出会えそうなので、とりあえず話の流れに乗ってみよう」ということです。

逆に「偶然性」を排除すべき異物として見なし、頑《かたく》なに受け入れまいとするのが「消極的な受動性」です。

ハイデガーの言を俟《ま》つまでもなく、私たちは、誰に頼んだわけでもなく、この世界にたまたま投げ込まれています。**私たちという人間存在は「絶対的な偶然性」と「絶対的な受動性」そのものなのです。**

絶対的な偶然性と絶対的な受動性にどのように向き合っていくかが、私たち一人ひとりに問われています。条件は皆平等です。

それならば、その絶対的な条件にもかかわらず、世界に自分を開いて、選択によって前向きに自分と世界を作り上げていこうではないかというのが実存主義の考え方です。

この積極的受動性という考え方は、円熟した大人が身につけておくべき大切な人間の機微です。

「受動的」でありながら「積極的」であるという対立構造を全体の中に包摂する中庸《ちゅうよう》的な在り方に気づくことが重要なのです。

〈聞く力のメリット〉

コミュニケーションにおける「添う力」の代表選手は「聞く力」です。

聞くということは、相手の考えや知識を吸収できる絶好の機会でもありますが、それ以上のメリットがあります。相手の言いたいことや感情を寄り添いながら受け入れることで、相手から好感を持たれるという利点です。

人は受け入れられると、受け入れてくれた人とつながりを感じ、その人のことを好きになります。**聞く力の最大のメリットの一つは「好かれる」ということ**です。

もう一つ、聞く力の大きな価値とは、**聞くことによって「祝祭的でクリエイティブなもの」が生まれてくる可能性が**あるということです。

聞く力が本当の意味で発揮されると、お互いの間に何か気持ちが高揚する新しい「気づき」と「意味」が創成されます。

〈聞く身体〉

聞くことは、言葉のやりとりだけではなく、身体性のやりとりも同時に含まれます。

人間は胎児のときから、母親の血流の音や心音、話し声を聞いていると言われ、また、死にゆく間際にも、最後まで耳は聞こえていると言われています。このように聞くということは、極めて根源的、本能的、身体的な行為なのです。

相手の話を聞くときには、「聞く身体」の構えがセットされてなくてはなりません。

相手から「何か自分の利益になる情報を聞き出してやろう」という詮索《せんさく》的で下心的な思惑があるとすれば、それは必ず身体の表面に露見し、相手に発見され、良質なコミュニケーションは期待できません。

聞く身体の体勢は、自然体で、身体をちゃんと相手に向けることから始まります。

そうすることによって「あなたの言うことは細大漏《さいだいも》らさず聞きますよ」という身体的サインを出してあげることが大切です。

「耳を傾ける」という言葉は、通常比喩的に使われますが、実際の身体所作としても有効です。また「全身を耳にする」という少し大げさな比喩もありますが、これも聞く模範的な身体的態度のすべてを言い表しており、実践的に使える言葉です。この二つを合体させると、

「全身を耳にして、耳を傾ける」

これを実際の身体で表現してみてください。耳はもちろん、目や鼻、皮膚の毛穴までの全身を聴覚の感覚器として総動員し、傾聴するというイメージです。

しかし、聞こうとする気持ちがあり余って、過剰な「前のめり姿勢」は相手から敬遠されますので気をつけてください。腹をさぐられる予感は人を不快にさせます。

聞く身体のたたずまいは、あくまで、ゆったりと開かれた上虚下実の自然体ですが、ときど

き少し「隙《すき》」と「間《ま》」を作ってあげるのが秘訣です。

相手に失礼にならない程度に、ときどきすっと目線をはずして「隙」を作ったり、うなずきや相槌《あいづち》をするとき、緩急・強弱をつけながら一定の「間」を作ったりしてあげれば、相手も窮屈にならず、リラックスすることができるでしょう。

〈相手の身体に同調する〉

相手に寄り添う「聞く身体」を作るのには、相手の身体と「同調する」身体運用が重要です。第3章の上機嫌な身体の作り方で紹介した「目を見る」「微笑む」「うなずく」「相槌を打つ」の4つも身体を介した「同調所作」の一種です。

同調所作にもう一つ付け加えるとしたら、**相手の姿勢やしぐさを真似《まね》ること**。

相手が足を組んだら足を組む。お茶を飲んだらお茶を飲む。相手の声が低ければこちらも低くする。声のテンポがゆっくりだったらこちらもゆっくり。

身体的に同調されると、人は相手に対して親近感がわくようにできています。

相槌に関しては、精神科医師の神田橋條治氏の著書、『追補　精神科診断面接のコツ』（神田橋條治　岩崎学術出版）には、数ある相槌の中で「ほう」が一番優れていると書かれています。

「ほう」を使うようになると、相手に対する好奇心、同情、同意などの非言語レベルの表現が上達することが述べられています。「ほう」の「ほ」は「は行」で、「は行」の「はひふへほ」

は、力が抜けて柔らかい感じがします。言葉というよりは、吐くときの「息」に近い。だから「ほう」というレスポンス（相槌）は、人の身体になじみやすく心地よいのかもしれません。

〈時間差おうむ返し〉

もっとはっきりと言葉に出す同調し添う技に、おうむ返しという技があります。

相手が「うまくできた」と口に出したら、「うまくできたね」とすぐに返します。一見、何も生んでないようでも、この同調作用は強力で共感の基盤が固まりやすい。

もう一段高度なテクニックがあります。

すぐにおうむ返しをするのではなく、相手が言ったキーワードを10～20分後に「さっきおっしゃった○○のことですね」と時間差で返すと、「ただ適当に機械的におうむ返ししているのではなく、私の話を受け取ってくれたうえに、ちゃんと覚えてくれていたんだ」という喜びが相手の心にわき起こります。

このように**相手の言葉を自分の話の中に組み込んで話を進める**ことは、お互いの理解を促進するばかりではなく、場の共感度を上げていくことにもなります。

話している相手は、話している間、無防備なうえに、不安で心がいっぱいです。自分の話していることは、無意味でバカげたことではないのか、面白くないのではないか、といつも秘かに心配をしています。

「目を見る」「微笑む」「うなずく」「相槌を打つ」「しぐさを真似る」「時間差おうむ返し」などを使って、寄り添うように、適切に同調し、レスポンスしてあげることは、相手に「安心」というプレゼント（贈与）をしてあげていることになるのです。

〈聞く難しさ〉

「聞く」ということは一見楽そうに見えます。

話す立場では、仕事などで説得や説明のために何かを話さなければならないとき、最低限話す内容を整理し、話す道筋などをあらかじめ用意しておかなければなりません。予行演習にしろ本番にしろ、何かしらの努力と工夫が必要です。

一方、聞くほうはとりあえず身体一つさえあれば、あとは聞けばいいだけですから、楽といえば楽です。しかし、黙って人の話を聞くということは案外難しいものです。

聞いているうちに、我慢できずにどうしても話したくなるのが人情です。**自分というものを主張したい、表現したいと思う欲望を抑《おさ》えられなくなるのです**。表現欲は一種の自己顕示欲で、自己顕示欲は自己存在の叫びですから、根深いものがあります。

どうしても話したくなる要因がもう一つあります。

「話す人のほうが偉い」という無意識の思い込みが、自らの聞く努力をやめさせ、話す側のほうに赴《おもむ》かせるのです。

〈聞く力を邪魔する「自己顕示欲」と「権力欲」〉

聞くことより話したがる人は、単におしゃべりというより、**「話す人＝上の立場／聞く人＝下の立場」というコミュニケーションの権力関係にまつわる無意識の思い込みがある場合が往々にして多い。**

親、学校の先生、医者、上司など「上の立場の偉い人」は一貫して「話す人」だったので、「話す人は偉い人」という信念が小さいときから刷り込まれているということがあるのです。大人になった今でも、聞くという行為が「下の立場」だとどこかで思っているので、それをなんとか逆転させるために、聞くことを止め突発的に秩序なく話し出すという行為に走らせるのです。

人の話がまだ終わっていないのに、平気で自分の話を被せてくる人がいます。これも、思い込みによる一種のマウンティング（優位性の誇示）なのかもしれません。

ちなみにそういうときに、なぜか「でも」や「と言うか」という言葉を頭に置いてしゃべり始める人が多い。それらは逆説の接続詞で、前の文脈を否定する意味。さしたる他意のない「クセ」になっている人が多いようですが、避けたほうが賢明でしょう。

このようにじっと「聞く」ということは案外難しいものです。

自分の中にある自己顕示欲と権力欲が、真摯《しんし》に聞くという態度を阻害《そがい》することがあるということを自覚し、注意しておく必要があります。

〈自分を空っぽにする〉

人の話を聞くにあたって、自分の中にスペースを作るということが必要になってきます。自分を空っぽにすることです。

自分の中に言いたいことや心配事、先入観などがいっぱいに詰まっていると、人の話を集中して聞けません。また、前項で述べたように、心の中に自己顕示欲や権力欲に後押しされた「隙《すき》あらば話し手に転じてやろう」という気持ちが充満していてももちろんダメです。

自分の中の様々な自己愛の沈殿物は掃除して、身体を全開に開いて「空」にしておくことが肝要なのです。聞く間は、自分という存在は一時的にどこかに引っ越す必要があります。いったん「自分から離れる」勇気が重要です。

相手の姿勢やしぐさを真似るという同調のテクニックのときにも、自分が「空」になる必要があります。真似るということも、自分を空しくしなければ始まりません。

「虚心坦懐《きょしんたんかい》」という言葉がありますが、「虚心」も「坦懐」も、心の中に先入観やわだかまりがなく、ありのままを素直に受け入れることのできる平静な心境という意味です。

相手に添って虚心坦懐に耳を傾けるということは、まず自分の中にスペースを作り、相手をまるごと受け入れる構えを作ることです。

「聞く」とは「開く」ことです。

自分の中を開き、内部を空っぽにしておかないと、外のものは入ってこられません。会話の還流が起きません。アウトプットがなければ、インプットは起こらないのです。

〈「いるだけでいいんだ」と伝える〉

聞くことによって寄り添うとは、コンプレックスやこだわりも含めて、相手のことを「全面的」に「人間存在」として受け入れることです。

相手の存在する仕方を深く理解し、受容すること。
相手を、誰とも違う唯一無二の人間として扱うこと。
相手が意味があり大切であると感じていることを同様にこちらも感じること。

『居るのはつらいよ　ケアとセラピーについての覚書』（東畑開人　医学書院）の中で、人は依存感と安心感に裏づけられた「いる」（本当の自己）が損《そこ》なわれそうになると、「する」（偽りの自己）という行為を始めるとし、「いる」ことの大切さが指摘されています。

聞く態度として重要なのは、相手に寄り添いながら「全面的に」「人間存在」として認めるということです。

聞くという行為を通して、「する」ことを焦《あせ》るのではなく「いる」だけでも人間として十分なんだよと、相手にそっと優しく伝えてあげればいいのです。

〈第6章〉ずらす力

〈「ずらす」とは文脈を客観視すること〉

コミュニケーションにおける「添う」と「ずらす」は表裏一体です。陰と陽のように変幻自在に入れ替わります。「添いつつ、ずらす」「ずらしつつ、添う」ということです。この章では「ずらす」力に焦点を当てていきたいと思います。

「ずらす」とは一種の「アレンジ」のことです。

アレンジとは、既存の物事の一部を変化・修正させるなど、手を加え、構成し直すこと。音楽でいうと編曲がそうです。すでに存在する本線に変更を加えることです。

アレンジにはオリジナリティがないのではという疑問がありますが、「日の下《もと》に新しきものなし」と旧約聖書にもあるように、全く新しいものはそう簡単には創出できません。**オリジナルなものとは、ほとんどが無数の修正（アレンジ）が加えられた過去の叡智《えいち》の集積にすぎないのです。アイデアも同様です。**

「アイデアとは既存の要素の新しい組み合わせ」なのです。（『アイデアのつくり方』ジェームス・W・ヤング　CCCメディアハウス）

日本人はこのアレンジが得意です。

日本文化は、リニューアル、リノベーション、リボーン、リコンストラクションなどの宝庫です。これらは全部アレンジのことです。

〈ずらすことによって、意味と価値が生まれる〉

コミュニケーションにおける「ずらす」とは、会話する二人の間に流れている話の文脈を本線とみなすと、その本線に対してなんらかの技を駆使して「ずらしていく」ことを言います。

「ずらし」は運動です。

「ずらし」の運動には、ベクトルのように本線に対して「方向」と「距離」の要素があります。方向は、基本的に相手の文脈の流れに乗り「添っている」ので、ほぼ同方向を向いています。

問題は距離のほうです。

本線との距離感によって得られる効果が違ってきます。

たとえば「ずらし距離度０」でしたら、本線の文脈にべったり密着しており、何の変化も新展開もありません。

逆に「ずらし距離度１００」でしたら、極端に離れすぎていて、「大発見か大破壊か」の極端に走ります。

「ずらし距離度30〜50」でしたら、本線から適度に離れた感じで、俯瞰《ふかん》しながら客観的に本

線（文脈）を適切にアレンジできます。ここで目指すのは「ずらし距離度30〜50」の中庸《ちゅうよう》です。

「ずらす」とは、適切な「差異」（ギャップ）をあえて作ることです。

差異とは一つの対立構造ですから、そこにはなんらかの「意味」が生まれます。「意味」は「価値」に変化していきます。

〈「ずらす」はメタ文脈〉

メタとは「高次の」という意味です。

たとえばメタ認知とは、認知というものを高次の視点から認知するという意味で「認知についての認知」のこと。何かを学習している場合、その理解度、認知度がどのくらいのレベルにきているかなどと自分で自分のことを客観的に確認することです。

文章でいうと推敲《すいこう》がそうです。推敲とは自分で書いた文章を、架空の読者という高次の次元で読み直すということです。

高みから見下ろすと、見えなかったものも見えるようになります。より広く深く客観的に見ることができるようになります。

「ずらす」とは、話の文脈からいったん離れて高次のレベルから俯瞰することですから、まさにメタ文脈。つまり「文脈についての文脈」。

「ずらし」という作用がもう一つの文脈（支流）となって、本線の文脈の上下左右をドローンのように自由に飛び回っているというイメージです。

〈「言いかえる」という「ずらし」技〉

ずらす技には、相手の言った言葉を自分の言葉に言いかえる技があります。

相手と同じ言葉をおうむ返しで繰り返すのは「同調」という「添い」の効果はありますが、クリエイティブな「ずれ」の効果はありません。

相手の言葉を「自分の言葉」で言いかえるのがミソです。

自分の言葉ですから、相手は「ちゃんと話を聞いてくれて、そのうえ自分なりに咀嚼《そしゃく》までしてくれているのだ」とますます好意をもって接してくれます。

しかし、何でも言いかえればいいというわけではありません。

相手が「この脱構築は……」と言ったのを受けて、「ディコンストラクションのことですね」と英語で言いかえれば、単なる嫌味になり、共感関係が台なしになるかもしれません。

逆に相手が「ディコンストラクションが……」と言った場合、それをこちらが「脱構築が」と言いかえると、「自分はその言葉を知っている」という優越感や「やたら英語の専門用語を使うなんて、あなたは品が悪い」という批判的な言外のメッセージが図らずも相手に伝わってしまうかもしれません。

よい「言いかえ」をするためには、辞書的な類似語や外国語を機械的に置き換えるのではな

く、あくまで自分の思考の中から出てくる言葉をチョイスすることが肝心になってきます。

〈「言いかえ」に「比喩力」を使う〉

比喩とは、何かを何かにたとえることです。

たとえるとき、拠《よ》り所《どころ》にするのは基本的には「何かと何かの共通点」「似ているところ」です。

一番身近な比喩は「**直喩**」です。「○○は△△みたい」とか「○○は△△のようだ」という形をとります。「君はバラのようだ」とかです。

「**隠喩**」（**暗喩・メタファー**）には「みたい」とか「ようだ」のようなまどろっこしさはありません。「君はぼくの太陽だ」とか「時は金《かね》なり」などです。ストレートです。

「**換喩**」という比喩表現もあります。

伝えたいことを「隣り合って近いもの」（隣接性・近接性）を使って表現します。たとえば「霞が関の忖度《そんたく》」。霞が関は場所の名称ですが、この場合、その場所の建物に入っている高級官僚を指します。「赤ずきんちゃん」などもそうです。

もう一つ「**提喩**」があります。

上位概念と下位概念の包摂関係に基づく表現です。日本では「式を挙げる」の「式」は常識的に葬式でなく結婚式のことです。上位概念の「式」で下位概念の「結婚式」を表しています。

〈直喩的言いかえの「展開力」〉

「言いかえ力」が簡単に発揮できるのは、まずは直喩です。

直喩は、二つのものの間に何かしらの共通点や類似点、つまり「同じようなもの」を見つけることによって認識の世界の地平を新しく切り開いていきます。

話し相手が「あのラガーマンのタックルは粘り強いね」と言ったことに対して、こちらが「あの粘り強さは、まるでスッポンのようですね」と直喩を使って言いかえて応答すると、相手は「余裕があるところは、土俵際の二枚腰みたいだね」と同じく直喩を使って、再度言いかえてきたとします。直喩による言いかえの応酬です。

この会話のやりとりを図式化すると「タックル」→「粘り強い」→「スッポン」→「二枚腰」という、直喩を使った、横へ横への概念の「ずれ」展開となります。

「粘り強い」という言葉から連想される共通点を手掛かりに、ラグビーの世界が相撲の世界まで一気に広がっていきました。

このような会話には「風が吹くと桶屋《おけや》が儲《もう》かる」風にどこまでも続いていく可能性があります。会話にテンポができて、二人の間の共感性は増加します。

しかし、この直喩的ずらしの展開は、ある程度までいくと、共通点によって連想されるものがどうしても似通い陳腐化し、誰でも予想がついてしまうものが多くなってしまいます。展開が予想できるものには、急に興味を失ってしまう習性が人間にはあります。これではけっしてクリエイティブだと言えません。

〈隠喩的言いかえの「飛躍力」〉

その点、隠喩は、直喩に比べて「みたいだ」「ようだ」というような「緩衝《かんしょう》材」がない分だけ、直接的、断定的です。

「AはBのようだ」（直喩）とは違い、「CはDだ」（隠喩）の文章では、CにもDにも、類似性を無視した、無関係で任意な何でもアリの言葉が入ってくる余地ができます。

隠喩には、類似性を超越する「ふっきり力」があります。ふっきり力は飛躍力でもあります。

「君はバラのようだ」と「君はバラだ」とでは、どちらがふっきり力があり、インパクトがありますか。

「時は金《かね》なり」（Time is money.）ということわざがあります。

「時」を「金」に言いかえて（ずらして）いるわけですが、「みたいだ」「ようだ」を使わず、「時は金だ！」と言い切っています。典型的な隠喩です。

このことわざは、アメリカ建国の父として知られているベンジャミン・フランクリンの言葉と言われています。時間の大切さを端的に教えることわざで、福沢諭吉はこの英語を書として残しています。この言葉は今でこそ当たり前のように聞こえますが、その当時は革命的なものだったと思われます。

それ以前の時代では「時」というものは、宇宙の法則や自然の流れに従いゆったりと流れていたもので、時を流れにたとえて「時は流れなり」とか、あるいは、時を旅にたとえて「時は旅なり」と言いかえていたら、当時の人々にとっては至極《しごく》自然にすんなりと受け入れられたのではないかと思われます。

ところが、フランクリンは「時」をたとえるのに、なんと、それと似ても似つかない資本主義の象徴である「金」を持ってきたのです。

「時」と「金」の結合は当時誰も予想できなかったに違いありません。

「ずらし」どころの騒ぎではなく、概念の大飛躍だったのです。「ずらし距離度２００」です。ふっきっています。

この言葉によって「時」の概念は一挙に「時間＝お金＝資本主義の価値観」の様相を帯びるようになりました。

それまで牧歌的だった「時」の概念は、資本主義システムに取り込まれ、貨幣と同じように管理されるべきものになったのです。この言葉は「労働者の時間の切り売り」という発想にも寄与したかもしれません。

たった一つの比喩が、ことわざに残って定着するほど、後世の社会通念に多大な影響力を持つようになったのです。

このように隠喩による言いかえというものは、その「ずらし度」によっては、飛躍的、発明的な「世界観」を生み出すまでの強力なパワーになる可能性を秘めているのです。

〈「抽象」から「具体」へずらし、言いかえる〉

比喩によるずらしが水平方向のずらしだとすると、垂直方向のずらしは「抽象」と「具体」の往復運動になります。

話が抽象的になりすぎると、話がかみ合わなくて空回りすることがあります。

「自由」「民主主義」「社会」などのワードが出てきたら要注意です。抽象語は概念の範囲が広いだけに、人によっては捉える意味が違ってきます。空回りを改善するために、あわてて同じような抽象語を被せていくと、空回りの火に油を注ぐ結果になり、逆効果です。

最良の処方箋《しょほうせん》は、抽象度の高い話を「具体的な話」に転換することです。具体的な話になると、人は急に生き生きとしてきて、話の展開にも明確なイメージを抱きやすくなります。

このときの転換のキーワードは「たとえば？」（「具体的に言うと？」「例を挙げると？」）です。

相手と「平等と公平の違い」という抽象的な話になったとします。

相手は「平等とは、個人の資質、努力、成果などに関係なく、一様に同じことをすること。公平とは、個人の資質、努力、成果などの状況に応じて対応すること」と説明してくれましたが、抽象的でいまひとつピンときません。

そこで「たとえば、どういうことですか？」と聞き返します。

すると、相手は「大人に20kgの荷物を持たせ、子供にも20kgの荷物を持たせるのが平等で、大人に30kgの荷物を持たせ、子供に10kgの荷物を持たせるのが公平です」と言いかえてくれました。どちらがピンとくるかは一目瞭然です。

抽象的議論の際、「たとえば？」という一言で相手に「具体性」を促すことは、相手にとっても理解度を増すことになり、よいコミュニケーションにとって強力な武器になります。

〈「具体」から「抽象」へずらし、言いかえる〉

何らかの結論をより分かりやすく述べるために、補完的に複数の具体例や実例を引いたり、何個かのたとえ話をすることがよくあります。

そのような個別の具体的な話は、物語風だったり、映像的だったりするので、抽象的な曖昧《あいまい》さは取り除かれ、聞く人にとっては分かりやすく、クリアにイメージするのも容易になります。それ自体は大変よいことだと思います。

しかし、困ったことに、そのような具体的な話はなぜか往々にして面白いことが多い。「たとえば、こういうこともあるよね」、「たとえば、ああいうこともあったよね」と相手の話がどんどん盛り上がっていきます。

そうすると語るほうも聞くほうも夢中になり、いつの間にか「具体の沼」に足を取られ、結論までの道筋が失われてしまい、話の森の中で「迷子」が発生する事態に陥ってしまいます。

よくある「あれ、何の話だったんだっけ」という結末です。

散らばった話は、本筋から離脱したときの分岐点まで引き戻してあげる必要があります。

そこで役に立つのは「具体」から「抽象」への言いかえです。いわゆる抽象化です。

抽象化とは、物事の枝葉末節を切り落として、本質的な概念にまで昇華させるクリエイティブな働きのことです。

言いかえのキーワードは「要するに、一言で言えば」です。

取っ散らかっている相手に性急に結論を促すのではなく、散乱した具体的な事実の山を整理して、余計なものは捨て、核心に迫るものだけを残し、自分の言葉で端的にまとめてあげるのです。

「あなたの話は大変面白かった。なるほど、あなたの今までの話は要するに○○のことですよね。一言でいえば○○とおっしゃりたいのですよね。それでよろしいでしょうか」

そうすることによって、相手も自分の言いたい地点まで到達することができるし、自分のことを「本質的に」理解してくれていると感謝さえしてくれるのです。

〈「具体」と「抽象」の往復運動〉

人間の思考をよりいっそう活性化させるには「具体」と「抽象」の往復運動がお勧めです。**地頭のいい人の会話は「具体から抽象へ、抽象から具体へ」の往復運動を当然の「技」のように自然に何度も繰り返しています。**その際のキーワードは「たとえば」と「要するに、一言で言えば」の二つでしたね。

抽象と具体がいい塩梅《あんばい》にブレンドされた会話は一種の知的エンターテイメントです。一流の文学者の座談集などを読むと、抽象と具体との優雅なダンスを見ているような知的興奮に出会うことがあります。

気のきいた人たちの日常会話を観察していると、話が抽象的になりすぎ行き詰まりそうになったら、双方のどちらかが具体的なほうに軸足を移し、逆に話が具体的になりすぎ拡散しそうになったら、またどちらかが抽象的なほうにハンドルを切っていることが分かります。

60代の世代のコミュニケーションでは、性急で直線的な往復運動ではなく、雑談的な雰囲気の中で、「具体」と「抽象」の各々の妙味をじっくり味わいながら、ゆったりとしたらせんのスラロームを描く感じが理想的です。

〈「感情」を言いかえる〉

今までの会話での「言いかえ」の対象は意味や概念でした。

意味や概念は言葉によって表現されやすいのですが、「感情」はどうでしょう?

人は「悲しい」気分になると「悲しい」という日本語があるのを小さいときから知っているので、とりあえずそれを使います。

しかし、自分の「悲しい」という独自の感情は皆が使っている言葉の「悲しい」では言い尽くされていないというもどかしさ、不全感を人はいつも抱いています。

個人の感情は既製品ではなく、いつも、オリジナルでオーダーメイドです。

悲しいという感情にはその人固有の無限のグラデーションがあり、「悲しい」という既成の言葉には納まりきれない何かがあることを人は常に感じています。

しかし、「何か違うな」と感じながら、暫定的に「悲しい」という言葉を使わざるをえないのが、人間と言語の運命です。

人のコミュニケーションの大前提には身体があります。

身体と感情は密接に関係し合っています。感情や感覚はすぐに身体に反映されます。心のひっかかり感は、たちまち喉の奥のリアルなひっかかりに現れてきます。

感情とは本来無意識(身体性)の表現ですから、「曰《いわ》く言い難《がた》し」なのは当然です。

悲しい感情には「悲しい」という言葉が対応しているだけまだましです。人の感情にはどうしても言葉にできない微妙な「もやもや感」「いらいら感」「ひっかかり感」があります。

これらを「違和感」と呼んでいいでしょう。

〈「違和感」を言いかえる〉

違和感は、極めて感覚的、身体的、生理的、無意識的なものです。

何がなんだか分からなく、既製品の言葉で的確に言い表されないのが違和感という感覚です。

確かに言葉は森羅万象を完璧にはカバーできない不完全品ですが、人類が言葉を発明した以上、有効に使わない手はありません。

言葉を使って違和感に上手に適応している人間には、たとえば詩人がいます。

詩人は日常の普段使いの言葉の意外な組み合わせで、表現し難いものを表現しようと努力と工夫を重ねています。

私たち一般人は詩人ほどの才能はありませんが、それでも言葉の力を信じて、違和感に対抗していく知恵と工夫が必要になってきます。

二人で会話をしているときに、意味のやりとりではなく、しだいに感情のやりとりになることがあります。

たとえば相手がふと「悲しい」という言葉を使ったとします。もちろん言い尽くした感じはなく、「もやもや感」は払拭《ふっしょく》できず、まだ何か語ろうとしますが、口をモゴモゴさせて言いなずんでいます。

そういうときに、こちらから「違和感の言いかえ」の助け舟を出してあげるのです。

〈「違和感」の言いかえは身体的に〉

「それって、胸がふさがる感じ？」「それって、息苦しい感じ？」「それって、心がザラザラする感覚？」「それって、背中に荷物を背負わされたときのように重い感じ？」「それって、氷水に手を入れたときのように冷たい感じ？」「それって、大草原の中、独りぼっちで佇《たたず》んでいるサイのような感じ？」……。

色々な言い方があると思いますが、「感情の言いかえ」には**「胸」や「息」など身体性に関連ある感覚的な言葉や、「大草原で佇んでいるサイ」のようなストーリー性があってビジュアルでイメージしやすい言葉が、相手の実感をよりリアルに引き出すことができます。**

私たち引き出す側の語彙力や想像力（創造力）が決め手になるのは言うまでもありません。こちらから色々投げかける言葉に、誠実な相手なら一つひとつ反応してくれます。そのとき相手が一つでも何かに気づいてくれればいいのです。

「そうそう、独りぼっちのサイのような感じ！」

言葉の連想ゲームで相手は「サイのような感じ」にたどり着きました。別にサイでなくても、キリンでもいいのです。

大切なのは「たどり着く」、すなわち自分で「気づく」ことなのです。

「サイ」という言葉に触発され、それに同意し、自分の「もやもや感」を最終的に「サイ」という表現として自分自身で外に吐き出す（外在化する）ことができたのです。

それによって「悲しい」が実は「寂しい」や「悔しい」など「悲しい」とは違った感情だったことが分かったりするかもしれません。

いずれにしろ、本人が何かに気づき、自分なりに納得することがとても大切なのです。

人は自分が思っている以上に自分のことは分からないのです。

〈「質問力」は「ずらす」ための強力な武器〉

コミュニケーションにおける「ずらす」技の中で「質問」は極めて強力な武器です。

今まで「比喩による言いかえ」「抽象と具体による言いかえ」「違和感の言いかえ」など、いくつか「言いかえ」による「ずらす」技をご紹介してきました。

質問という「ずらし」はそれらと比べると、「ずれ」の方向性も距離感も大きく引き離しています。「ずれ度」が大きい。使いようによっては危険度が高まります。

何らかの致命的な質問をすると、相手は夢から覚めるように「質問者も結局私とは関係のない他者なんだ」というふうに感じるかもしれません。たった一つの質問で、それまで「添われている」と感じていた相手との間に不要な緊張感が走る可能性もあります。

的外れでトンチンカンな質問をすると、こちらへの知性、感性、徳性の信頼が一挙に疑われ、寄り添うどころか、取り返しのつかない事態を招くきっかけにもなります。

しかし、いいタイミングで本質を突いた良質な質問を発するのなら、二人の間により深い理解と共感を築く大きなチャンスにもなります。

いい質問をすると、相槌《あいづち》や言いかえなどの「小技」よりも**「自分のことを本当に分かってくれている」という、最高のパス、最高の贈り物になります。いい質問は「大きくずらしながら、濃密に添う」**ことにつながるのです。

質問とは、ある意味、賭《か》けの要素があります。諸刃《もろは》の剣《つるぎ》であると肝《きも》に銘《めい》じてください。

〈「答える力」より「質問する力」〉

今まで私たちは、教育の場でも社会の中でも、既存の問題に対していかに正確に解答していくかという能力が求められてきました。

いち早く効率よく「正解」にたどり着く者が優秀だとされてきました。これまでの試験は、記憶を問う「科挙《かきょ》」的スタイルが主流でした。

しかし、今はそれに加えて「考えて問う力」が求められています。

流動的で不確実な時代では、与えられた問題に迅速に答え、正解を導く能力よりも、問題を

新しく作り出し、問う能力のほうが必要とされてきたのです。

今は「**答える力**」より「**問う力**」です。問う力が、見通しのきかない世界に新しいパラダイム（ある時代の当然と思われている大きな考え方・ものの見方）と視点を設定し、混沌《こんとん》たる世界を新しく切り開いていくパワーになることが分かってきたからです。

いい質問とは「本質的かつ具体的」な質問のことです。

本質とは何でしょう。本質と抽象は似ているように見えますが違います。

抽象とは、多くの具体的なものや概念から、枝葉を削《そ》ぎ落とし、幹となる共通項を抜き出し、一般化するという思考上の手続きです。

一方、本質とは、抽象の手続きを経た後に残った幹の部分のことです。

抽象は手段で、本質は目的です。

しかし、本質が本質であるためには、無機的な抽象化を経ているにもかかわらず、それには血の通った人間存在の価値の結晶が息づいていなければなりません。

残された幹が「人間存在にとって意味と価値があるかどうか」が、単なる無機的な抽象物と本源的な本質との差異の決め手になります。

〈いい質問とは「具体的かつ本質的」〉

「具体的」な質問に関しては、手始めに相手と自分との共通の「好きなもの」を具体的に質

問しながら話をすると、話はいい方向に向かっていきます。

自分たちの偏愛するものを披露し合って、それがお互いに好きなものだったら申し分ありません。好きなことで盛り上がるほど、人は人との「つながり感」を感じるものはありません。好きなものではなくても、何かしらの共通点を見つけることもお互いのコミュニケーションにとって有意義です。

何かが何かに「似ている」「共通点がある」という発見は、それら同士の「つながり」を意味します。ここでも「つながり」は人を喜ばせ、活性化します。

「似ている」ということは「のようだ」と同じですから、前項の比喩の力が応用できます。

「具体的かつ本質的」な質問とは、具体的な質問が「本質」にダイレクトに直結している質問のことです。

「あなたが無人島に1冊本を持っていくのなら何の本ですか？」

「あなたを表現できる具体的な道具を一つ挙げてください」

「自分のお墓に一文字刻むならどんな文字ですか？」

などの質問に対する具体的な答えは、問われた人の本質が自ずと表れてきます。

「具体的かつ本質的」な質問は、それを繰り返していくと、人生においては創造的で新しい生き方を見出す原動力になる可能性があります。

ビジネスの世界だったら、全く新しい地平を切り開くような新製品や新事業のアイデアが見つかる手立てになるかもしれません。

〈「苦労と工夫」と「変化」に注目する〉

いい質問には、相手が人知れず苦労したり工夫したりしているポイントについての質問があります。

キーワードは「苦労と工夫」です。苦労と工夫というところにこそ、人間の営為の輝きや魅力が隠されており、人はそこに興味と関心を持ち、詳しく知りたがります。質問される相手もそのことを知っていて、こちらが苦労や工夫に焦点を当ててさりげなく質問すると、喜んで話をしてくれるのです。

その人の苦労や工夫が結晶したものがコツです。

私たちは、性急に人から有益なコツを聞きたがりますが、いきなり質問しても答えてはくれません。現代人には安易に結果や結論を聞きたがるクセがあります。コツにまでたどりついた苦労と工夫のプロセスをまずは語ってもらうのが、人の礼儀と心理にかなったやり方です。

プロセスにおける「変化点」に注目する質問もいい質問です。

相手の人生や仕事などの話の流れの中で何か変化点を見つけたら、その周辺を重点的に聞かせてもらうことです。

変化点の前と後の様子を比較して語ってもらう。過去のある時点の出来事の前後を比較することは、語る相手の記憶も活性化し（よく思い出し）、聞くこちらの認識も活性化（よく理解）します。「比較」は理解を促進させる有益な方法です。

〈クリエイティブな「問う力」〉

「質問力」の中で最終目標としたいのは、最も優れた創造的な結果をもたらす質問です。

それをあえて「問う力」と呼びたいと思います。

問う力とは「答えている人が自分も予想しなかった」言葉を導き出す問いの力のことです。

一つの問いが触媒となり、相手の無意識の中の「何か」を刺激します。脳のニューロン（神経細胞）が四方八方に触手を伸ばし結びつくように、「何か」同士がお互いにつながった瞬間、思いもよらぬ言葉や発想が生まれてきます。

問う力とは、相手がそれによってインスピレーションを得るような、インスパイアする（霊感を吹き込む）問いの力です。相手の「気づき」の扉を開ける問いを発する力です。

真にクリエイティブな問いはけっして人を、予《あらかじ》め用意した答えへと誘導しません。示唆する意思もなく結果的に示唆をしています。ヒントを与えようとする意図もなく結果的にヒントを与えています。

その問いは、話の本筋の文脈とは全く関係のないことかもしれません。問いを受けるほうも、一見関係なさそうで些細《ささい》な示唆とヒントに対する感受性を鋭敏にしてオープンに開いておかねばなりません。

また、問う力のある人は、問う立場を自由自在に変えてきます。

「では、ひとりの男性としてうかがいますが」「では、日本人として問いますが」「では、読者として質問しますが」。

「問いの視点」をずらし、揺さぶることで、問われる側のアンテナの感度はますます高まっていくのです。

ソクラテスは自分で一方的に真理を語りませんでした。

問うことによって、青年たちに「無知の知」を気づかせようとしました。真理は、問う人と問われる人の間にあると考えたのです。

〈「なぜ」の質問力〉

５Ｗ１Ｈというのがあります。

When（いつ）、Where（どこで）、Who（誰が）、What（何を）、Why（なぜ）、How（どのように）のことです。

この中で「物事がどうなっているのか？」という「具体性」を問う疑問詞は、When、Where、Who、What、Howの五つで対応できます。

しかし、Whyだけは毛色が違います。

「なぜ」(Why) は「具体性」でなく「関係性」を志向しているからです。「関係性」とは一つ上のレベルの視点に立って客観的に物事を俯瞰する「メタ視点」のことです。

「なぜ」以外の問いは、答えを知っていれば一義的に答えられるものばかりです。ある意味、正解があらかじめ用意されています。

一方**「なぜ」は「知っている／知っていない」ことよりも「考える」ことを要求します。**知識より知恵を求めます。

「なぜ」という問いに対して、答えるほうは「なぜならば」を使って、たくさんある可能性の中から色々想像したり予想したりして、つまり自分の頭で「考えて」、自分なりの答えを作り上げる必要があります。

ただし、「なぜ」という問いには、使い方を間違えると時と場合によっては危険な「毒」になる可能性があるので気をつけてください。

「なぜ」は確かに幼児期以来「知的関心」を満たすための強力なツールですが、他者との関わり合いの場において、ややもすると自分の「納得できない気持ちの表明」だったり、相手に対する「叱責《しっせき》」の意味合いになったり、Why not という形で相手への「強要」や「吊《つる》しあげ」に転じたりすることがあるからです。(『追補　精神科診断面接のコツ』神田橋條治　岩崎学術出版)

「なぜ」は、自分の心の中でそれを繰り返すことによって主に「考える」という知的作業の推進役になるように役立ててほしいものです。

〈「なぜ」の問いは革命的〉

「なぜ」という問いは「考える」行為を自動的・強制的に起動する強力なスイッチです。よく会社の生産現場などで「『なぜ』を5回繰り返せ」と言われたりします。

「なぜ」だけが繰り返すことができます。他の疑問詞は繰り返すことができません。答えが出ればそこでおしまいです。

「なぜ」という問いだけが高次元の視点まで私たちを連れて行ってくれるのです。

「なぜ」にはいつも「そもそも」という根源的なものの問い方の思考が隠れています。

根源を問う問いの一つに「そもそも、なぜ、その問題が問題なの？」という問いがあります。大前提であるべき問題に対して、一つ上のメタのレベルで俯瞰して、その問題自身を問題にしています。これには革命的な破壊力があります。

大前提というものには「そのことは考えなくてもいい」「不問に付してもよい」という暗黙の了解があります。

社長が「接待の段取りをつけておくように」と発言したときに、「社長、そもそも、なぜ、接待というもの自体、必要なのですか？」と返す質問には、会社のこれまでの慣習を揺るがす強烈なインパクトがあります。

〈イノベーションは「なぜ」から〉

「なぜ」という問いは、ある問題を一つ上の視点から見下ろすメタな「技」です。問題を引き離し「ずらす」技です。

問題というシステムの中に閉じこもって問題の最適解を求めるのではなく、問題の外に出て、オープンなところで、問題を含めた全体を広く見渡して、なんらかの関係性や文脈を見つける方法です。

社会システム、経済システム、政治システム、学問のシステムなどのシステムも同様です。

イノベーションの第一歩は現状のシステムの枠から、まずは、ずれて、出ることです。

今までの私たちは、変化のないシステムの中で、誰かから与えられた問題の正解を早く的確に求めることは得意でした。

しかし、イノベーションとは新しいシステムを作り出すことです。新しい土俵、プラットフォームを作ることです。

既存のシステムの中に空気のようにどっぷりつかって、従属していることすら気づかないようでは、古いものを変えようがありません。

「茹《ゆ》でガエル」とはこのことです。「茹でガエル」とは、鍋の中で茹でられようとしているカエルが、ぬるま湯のうちは茹でられているのに気づかず最後には取り返しがつかなくなるように、システムの中にすっかり浸《ひた》っている者は、システムが緩慢に変化（劣化）していくことに気づいていない（気づきたくない）事態のことをたとえたものです。

変化が激しく予想がつかない今の世の中で求められているのは「問う力」です。

誰かが作った問題を解くのではなく、自分で問題を作り出す能力。誰もが今まで問わなかった新しい問いが世の中を変えるのです。

〈「曖昧」に耐える力〉

「なぜ」という問いに対する正解は一つではありません。あるいはないのかもしれません。この認識は大切です。正解が複数あるかもしれない、0かもしれないという、どっちつかずの宙ぶらりん状態。「正解は一つ」だと思い込んでいる人は、そんな曖昧《あいまい》な状態には耐えられません。

曖昧に対する耐性が大きいのは、円熟した大人です。円熟した大人には、いわば「曖昧力」があります。複数の曖昧で矛盾した事柄に耐えながらうまく「丸める」能力です。

宮本常一の著書『忘れられた日本人』（岩波文庫）の中で、村の決め事を決定するのに、村の長老たちが集まり、議論というほどの議論はなく、とりとめもない話し合いを何日間も行ない、なんとなく物事が決まっていく様子が描写されている箇所があります。

長老たちは性急に物事を決定せず、曖昧な状態に耐え、皆の意見を「丸め」ながら、落としどころを探っていきます。

落語では長屋のご隠居が、喧嘩している若い衆の言い分を聞き、「お前たちの話はもっともだ」となだめすかしながら、うまく「丸めて」いく過程が面白おかしく展開します。

長老やご隠居は、正解が複数ある曖昧で分裂した状態の中で、複数の人たちの間を調停し、全体として満足度の高い合意形成をもたらしています。

たぶんこの長老やご隠居たちは若い連中に対して「なぜ」とか「そもそも」とかというワードを使って、一つ上の視点（メタ視点）で温和に話を進めていったに違いありません。

〈円熟した大人のつきあいは「連歌の座」が理想〉

日本には連歌という独特で伝統的な文学様式がありました。

和歌の上の句（五七五）と下の句（七七）を複数の人が交互に次々と詠みあげていくという遊戯性のある形式のことです。室町時代に宗祇《そうぎ》、宗長《そうちょう》といった連歌師たちが登場して最盛期を迎えました。句の作り手たちが一つの場所に寄り集まって行なうものなので「座の文芸」と言われています。

前の人が作った句に刺激を受けて自分の句を作り、自分の句に刺激を受けた次の人がまた句を作る。自分で句を作りながら、他の人の句も鑑賞する。それを繰り返しながら、１００句、１０００句と織物を織るように共同で一つの壮大な作品を作り上げていくのです。

続けていくうちに誰も予想しなかったような展開になる即興的なところが「座」の醍醐味なのでしょう。松尾芭蕉はこの連歌の集まりが大好きで得意でもありました。

数人の連歌師が集まった座は、その数人の身体性が絡み合った場になります。皆の句を詠む声が響き合い、身体性を浸す共振空間を形作ります。順番に前の人の句を受けて句を作るという「パス回し」はまさに「添いつつ、ずらす」の展開そのものです。

「添ってはずらし、ずらしては添っていく」というコミュニケーションの典型が「連歌の座」にはあります。それこそ私たち円熟期のコミュニケーションの良いお手本となると思います。連歌の座は今でいう知的で高尚な雑談です。最低限ふたりでもキャッチボールという形でこの連歌の形式は踏襲できるはずです。

「添いつつ、ずらす」コミュニケーションの極意をぜひとも活用してください。

〈第7章〉読書力

〈円熟期の読書〉

60代ともなると、多くの読書経験が積み上がってきています。皆さんは何十冊何百冊の本の遍歴とともに生きてきたのです。

ある意味、人は本でできています。

ご自分の本棚があれば、その前に立って本の群れを眺めてみてください。

本棚の本1冊1冊があなた自身なのです。あるいは、あなた自身が、その多量の本で編集されてできた、あなたというタイトルのたった1冊の本なのかもしれません。

数えきれないほどたくさんの本を読んできて、その内容をたくさん忘れてきたと思いますが、それでいいのです。**本当の読書経験とは、頭の中ではなく暗黙知として、無意識の領域、身体の深部に収蔵されているからです。**

今まで人生の中で危機的な状況に遭遇したとき、突然どこからともなくいい知恵が降りて来て、突き動かされるように行動し、窮地を脱した経験が誰にでもあるかと思います。その知恵の出どころが読書なのかもしれません。記憶には残っていないが、突然天から降ってくる知恵。

それが本当の読書経験で得られる「ご利益《りやく》」なのです。

現役の頃は、仕事の関係上、情報や知識の収集のための読書が多かったと思われます。社会を生き抜いていくうえで必要な「必須栄養」摂取のための読書です。これは戦いの最中の読書ですから、急いで嚙《か》み砕き、咽喉《のど》に無理やり流し込まねばなりません。

しかし、60代に入ると、時間的に余裕もできて読書の時間もゆったり取れるようになります。本を読むのもゆっくりと味わうことができます。会社や社会のための情報や知識ではなく、自分自身の知恵のための読書ができるようになります。

「飲み込む読書」ではなく「味わう読書」ができるのです。

「味読《みどく》」という言葉もあります。60代は「味読世代」とも言えます。

〈線を引きながら読む〉

読書の時間とは自分との対話の「一人の時間」であるとともに、著者との語らいの「二人の時間」でもあります。

人間の総合的な成長は、優れた人間（著者）との対話（読書）を通じて育まれます。優れた人間と対峙《たいじ》するには緊張感もありますが、それにあまりある充実感もあります。いい本は緊張感とともに充実感も私たちに与えてくれます。

そのどちらの感覚も十分に味わい、楽しむための方法は「線を引きながら読む」ことです。

尊敬する著者の本を引き締まった気持ちで読んでいるとき、「さすが、素晴らしいことを言っている！」と畏敬《いけい》の念を持つと何か痕跡《こんせき》を残したくなります。それが線を引くことです。**私はかねてから3色ボールペンで線を引くことをお勧めしています。**

赤は客観的に見てすごく大事な文章、青は客観的に見てまあまあ大事な文章、緑は主観的に面白いと思う文章という具合です。

3色ボールペンで線を引くことは「自分だけの世界の地図を作ること」と似ています。読書後それを見返すとき、昔行った懐かしい旅行の思い出をたどるような充実感がわき起こってくるのです。

〈「添いつつ、つながる」読書〉

本を読むことは「添いつつ、つながる」という行為の一つです。

多種多様な本を読むということは、多種多様な「他者」を自分の中に取り込み、受け容れ、知るということです。

他者とは読書のレベルで言えば、著者や様々な登場人物です。

著者や登場人物は本の中で、日頃モヤモヤしていた私たちの考えや感情を代弁してくれたり、クリアに表現してくれたりします。

「私の言いたかったことはこれだ！」とはたと膝《ひざ》を打つ経験です。**表現し難い自分の思考や**

感情を、言語能力に優れた著者がよくぞ言語化、物語化してくれたという思い。

こういうとき、人は「自分の考えや感情は自分一人の経験でなかったのだ、これでいいんだ」という安堵《あんど》とともに、偉大な先人たちとのつながりを感じます。優れた他者から認められたという思いが生まれます。それで人は生きる力を得て一歩先に進めることができるのです。

著者の考えに添い、つながりを保ちつつ、著者との共感ポイントを探す姿勢で本を読み進んでください。「馬には乗ってみよ、人には添ってみよ」ということわざがあるように、**まずは書物と著者に「添って、つながって」みることです。**

若いときは、共感できる著者が見つかったら、その著者の全作品を読破する勢いがあってもいい。小林秀雄も、気に入った一人の作家の全集を手紙や日記を含め隅から隅までとにかく徹底的に読めと発破《はっぱ》をかけています。

60代以降は、自分の考え方を柔軟にするために、他者である著者の思考に添うのがトレーニングになります。

〈「ずらす」読書〉

著者も含めて他者とは本源的に自分にとって「異物」であり、違和感の発生源です。どんなに親しい肉親でも恋人でも本来的には異物なのです。

異物は「ずれ」と言いかえることができます。他者とは自分との「ずれ」なのです。

「ずれ」はザラザラとした不快な抵抗を引き起こしますが、いい点としては、他者と自分との差異を鮮明にしてくれ、ひいては自分自身を客観視させてくれるというメリットがあります。

人間の中で他者との「ずれ」がないのは胎児です。母胎と一体化した胎児だけが「ずれ」を知ることなく、羊水の中で全能感に浸っていることができるのです。


人間が成長するということは、他者との「ずれ」と上手につきあっていくことです。

円熟した大人の読書では、書物の中で、著者や登場人物という他者に「添いつつ、つながり」ながら、それら他者との「ずれ」を認め、生かしていく方向に持っていきます。


他者との「ずれ」という試練が、自分というものを自己客観視させてくれます。

小林秀雄が言うように「他者しか自分の鏡にはなりえない」からです。

自己客観視が「人生をよりよく生きる」ための強力な武器であることは言うまでもありません。

〈読書は想像力を活性化する〉

読書は想像力を育て、活性化させてくれます。

想像力とは、元手がなくても人生を何倍も面白くしてくれるありがたい力です。

言語脳科学者の酒井邦嘉氏は『脳を創る読書』（酒井邦嘉　実業之日本社）という本の中で、「活字、音声、映像を比べると、情報量としては活字が一番少なく、次いで音声、一番多いのは映像」と述べています。

活字は情報が少ない分だけ、人は何かで補わなければならない。その何かが想像力です。ここでいう想像力とは「自分の言葉やイメージで考える」ということです。

人間の脳というものは、情報に空白や隙間《すきま》ができると、なんとしてでもそれを埋めたがる癖があるようです。むしろ好き好んで空白を見つけては空白を埋めたがる。

一流の芸術家はそのことを深く理解しており、わざと作品の中に空白を作ります。曖昧《あいまい》なところをわざと残します。それは謎めかしているかもしれません。

俳句や和歌はすべてを言い切りません。説明しません。ほのめかしや暗示、含意を多用します。それらは人の心の中にそこはかとない余韻と余白を生み出します。水墨画もそうです。色も線も多くは描き込まない。何かをあえて「不足」させます。「不完全」を演出します。

完全性を目指して、何でもあけっぴろげに、完璧に、すべてを表現するのは、日本では粋《いき》ではなく、野暮《やぼ》の骨頂《こっちょう》なのです。

〈読書とは著者と読者の共同作業〉

読書とは、読者が活字という少ない情報を想像力で補い、不確かなところを自分の言葉とイメージで解決しながら、自分のものにしていく過程です。

いい書物には、著者の想像力によって、落とし穴のように所々に曖昧な空白が仕掛けられています。

読者はアスレチック・ゲーム感覚で想像力というアイテムを駆使しながら、空白というクリア・ポイントを一つずつ突破していきます。苦労してゲームを制覇していくことで読者は知的興奮をもよおします。そのような仕掛けが、読むという行為を前へ前へと駆り立てるのです。読者と著者はお互いのありったけの想像力を出し合って、紙の上の知的ゲームで戯れているかのようです。

小林秀雄は次のように述べています。

> 読書も亦《また》実人生と同じく真実な経験である。絶えず書物というものに読者の心が眼覚めて対していなければ、実人生の経験から得る処がない様に、書物からも得る処はない。その意味で小説を創るのは小説の作者ばかりではない。読者も又小説を読む事で、自分の力で作家の創る処に協力するのである。この協力感の自覚こそ読書のほんとうの楽しみであり、こういう楽しみを得ようと努めて読書の工夫は為すべきだと思う。(『読書について』小林秀雄　中央公論新社)

読書とは、読者が参加し、協力して、著者とともに書物を作り上げていく「舞台」なのです。

〈読書は「分からない」に耐える力をつける〉

読書をしていると、「分からない」ところが必ず出てきます。

特に時間の風雪に耐えてきた世界的名作、古典、哲学などは何度読んでも分からないところがある。日本の古典も同じ日本語なのに分からない部分があります。

書物や文章が「分かる」ということはどういうことなのでしょうか。

普通、分かるとは意味が分かるということです。意味が分かれば、分かったことになる。

「忖度《そんたく》」という言葉の意味を辞書でひくと「他人の心をおしはかること。また、おしはかって相手に配慮すること」ということが分かる。そこに書かれている事実や内容の意味が分かれば、通常分かるとされます。

しかし、名作や古典と言われる書物では、文章や言葉の逐語《ちくご》的な意味が分かっただけで「分かった」ということになるでしょうか。

『万葉集』や『源氏物語』の現代語訳を読むと、なるほどなんとなく何を意味しているのかは分かります。

ところが改めて原文と読み比べると、現代語訳では何か物足りない。音読してみたら、もっと物足りなくなる。この「物足らなさ」は何か？　意味は分かるけど、彼ら古代人たちは本当に私たち現代人が感じたように感じたのか。何かが足りない、ぼんやりと欠落している。この

「何か」が「分からなさ」の正体だと思います。

小林秀雄は、現代人が「分からない」のは「言葉の姿、形」のことだと述べています。

> では、歌や詩は、わからぬものなのか。そうです。わからぬものなのです。この事をよく考えてみて下さい。ある言葉が、かくかくの意味であるとわかるには、Aという言葉を、Bという言葉に直して、Aという言葉の代りにBという言葉を置き代えてみてもよい。置き代えてみれば合点がゆくという事でしょう。赤人（山部赤人《やまべのあかひと》：筆者注）の歌を、他の言葉に直して、歌に置き代えてみる事が出来ますか。それは駄目です。ですから、そういう意味では、歌は、まさにわからぬものなのです。歌は、意味のわかる言葉ではない。感じられる言葉の姿、形なのです。言葉には、意味もあるが、姿、形というものもある、ということをよく心に留めて下さい。（前掲書）

意味とは、書物や文章、言葉の一部にすぎないものなのです。**意味とは頭の中で理解されるものですが、姿、形は、身体性にしっかり根づいたものなのです。**

名著、名作、古典の本質は、ぼんやりとした「分からなさ」かもしれません。

曖昧で「分からない」からこそ今まで残っている。

皆、その「分からなさ」を楽しみ、満足してきたのかもしれません。

小林秀雄は言っています。

「人間は、厳正な智力を傾けて、曖昧さの裡《うち》に遊ぶ様に出来ている」（前掲書）

〈「分からない」が面白い〉

分からないからといって、けっして放り投げないでください。

本物の知性とは「分からなさ」に耐える力です。本物の書物に対しては思考の粘りが必要になってきます。

作家で精神科医の帚木《ははきぎ》蓬生《ほうせい》氏の著書に『ネガティブ・ケイパビリティ　答えの出ない事態に耐える力』（帚木蓬生　朝日新聞出版）という本があります。

ネガティブ・ケイパビリティとは「負の能力」とでも言いましょうか。その定義としては「どうにも答えの出ない、どうにも対処しようのない事態に耐える能力」「性急に証明や理由を求めずに、不確実さや不思議さ、懐疑の中にいることができる能力」（前掲書）とされています。

今の人たちは何かにつけ、とにかく結論を急ぐ。早く結果を知りたがる。スピードこそが命。読書も同じような傾向があると思います。分からなかったら、放り投げるか、高をくくって分かったつもりの顔をするか。

確かに「分からない」状態は耐えがたいものです。

世界に禅を広めた仏教学者の鈴木大拙《だいせつ》は禅のことを「一即多多即一」だと述べています。

「一が多で、同時に、多が一」では何がなんだか分からない。しかし、鈴木大拙は読者に気のきいた答えを期待しているのではなく、正解がないかもしれない状態でとことん考え抜くことを要求しているのではないかと思います。

不確定の状態に耐えながら自分の頭で考えることが答えだ、君たちにはネガティブ・ケイパビリティが必要だと諭《さと》しているのかもしれません。

小林秀雄はフランスの批評家サント・ブウヴの言葉を紹介しています。

> 人間をよく理解する方法は、たった一つしかない。それは、彼等を急いで判断せず、彼等の傍で暮し、彼等が自ら思う処を言うに任せ、日に日に延びて行くに任せ、遂に僕等の裡に、彼等が自画像を描き出すまで待つ事だ。故人になった著者でも同様だ。読め、ゆっくりと読め、成り行きに任せ給え。遂に彼等は、彼等自身の言葉で、彼等自身の姿を、はっきり描き出すに至るだろう。（前掲書）

それに続けて小林は自分の意見を表明します。

> みんな書物から人間が現れるのを待ち切れないからである。人間が現われるまで待っていたら、その人間は諸君に言うであろう。君は君自身でい給え、と。一流の思想家のぎりぎ

りの思想というものは、それ以外の忠告を絶対にしていない。諸君に何んの不足があると言うのか。（前掲書）

「分からない」に耐えながら、本の中から人間や真実が自ずと立ち上がってくるのをじっと待つことが大切なのです。

〈「待つ」読書〉

今の人たちは「分からない」を前にして「じっと待つこと」ができなくなりました。

「分からない」という宙ぶらりんの状態での不快なモヤモヤ感から一刻も早く脱出したい。

「じっと待つこと」は時間のムダ、労力のムダ。

しかし、**「じっと待つこと」は「積極的受動性」のことです**。円熟した大人としては身につけるべき重要な「技」の一つです。

立ち待ち月、居待ち月、寝待ち月、宵《よい》待ち月という言葉があるように、昔の日本人はよく待ちました。待つことが生活の一部でした。哲学者の鷲田清一氏は次のように分析します。

> 万葉集や古今和歌集をはじめ、待ち遠しさを歌うことが定番であるような歌謡の手管《てくだ》があった。待ちこがれつつ時間潰しをすること、期待しながら不安を抱くこと、そんな背反

する想いが「文化」というかたちへと醸成された。（『「待つ」ということ』鷲田清一　角川選書）

「待たない社会」、そして「待てない社会」。

意のままにならないもの、どうしようもないもの、じっとしているしかないもの、そういうものへの感受性をわたしたちはいつか無くしたのだろうか。偶然を待つ、じぶんを超えたものにつきしたがうという心根をいつか喪《うしな》ったのだろうか。時が満ちる、機が熟すのを待つ、それはもうわたしたちにはあたわぬことなのか……。（前掲書）

読書においても「待つ」大切さを噛みしめる必要があります。

「分からない」、そのもやもや感や引っかかり感を抱きしめて、じっと「機が熟すのを待つ」のです。しばらくたって読み返すと、かつては分からなかった部分がふと「分かった」「腑に落ちた」という経験は誰にもあるかと思います。

〈読書は身体で読む〉

第2章でも述べたように、読書は身体的行為です。

私の好きな宮沢賢治はまさしく身体性で本を書いているような作家です。読むほうも身体で読まなければなりません。

彼の作品は私たちに身体的感覚を呼び覚まします。そこには自然の中で練り上げた繊細な言葉がちりばめられています。

せせらぎの水の清冽《せいれつ》な冷たさ、水に映る光の彩《あや》、朝の雫《しずく》の輝き、微《かす》かに聞こえる森の音、鉱物の硬さ、燃え上がる火の強さ……。

私たちはそれらの言葉を通して、実際に水の冷たさを肌に感じ、光の彩や輝きを目に感じ、森の音を耳に感じ、鉱物の硬さを手に感じ、燃え上がる火の強さを顔に感じるのです。色や形、音やにおい、温かさや冷たさが身体に染み込んでくるのです。

『宮沢賢治という身体』（世織書房）で、私は彼の身体的想像力の素晴らしさを検証しました。地水火風という「自然」と身体という「自然」を追求した芸術的表現活動は、必然的に「命という自然」の問題に行きつきます。そこから「命とは何か」「生きるとは何か」「自分とは何か」などの無《む》垢《く》な倫理観に昇華していくのは当然の成り行きです。

宮沢賢治の作品は「身体的想像力」と「倫理的想像力」がカオスのように渦巻くユニークな世界（ワールド）なのです。

〈古典を読む〉

古典とは、時の流れの試練に耐えて今でもなお多くの人に敬愛され、歴史的意義と普遍性がある、いわゆる「ほんもの」のことです。

風雪を乗り越え生き残っているということ自体が古典の大きな存在理由の一つです。**古典には「古典だから古典だ」という「価値の明白性」があるのです。**

なぜ、古典は今まで生き残っているのでしょうか。

『万葉集』しかり『源氏物語』しかり、幾時代もかけて、膨大な読者がそれら「ほんもの」の古典を何度も繰り返し読み、その時々で、幾多の新しい発見をし続けているからです。読者はその都度、自分にカスタマイズされた自分なりの新しい価値を見つけるのです。

多数の読者によって日々新しい発見をされ続ける古典は、常に更新され、常に生まれ変わります。日々新たに作り変えられる「ほんもの」ほど半永久的に長生きするものはありません。

「ほんもの」とは、初めから固有の「ほんもの性」がその中に内在しているのではなく、周りの皆が「ほんものだ！」と認定することによってのみ「ほんもの」であり続けるのです。

一見不変不動に見える古典は、誠実な読者による読書という行為に助けられ、常に動き、変化し、更新し続けているからこそ古典なのです。

〈ゲーテに古典への姿勢を学ぶ〉

ゲーテはゲーテ自身が今では古典ですが、先達《せんだつ》の古典に対する彼の姿勢には見習うべきところがたくさんあります。

エッカーマンの『ゲーテとの対話』の中にはゲーテの古典愛があふれています。ゲーテからは古典全般に対する有益な基本的構えを学び取ることができます。

ゲーテにとって古典とは、まず古代ギリシア・ローマの芸術や建築、文学でした。

ゲーテは当時流行っていた主観主義的・個人主義的なロマン主義にひ弱な不健康性を感じ、一方、開放的で壮大な古代ギリシア・ローマの芸術には力強く生き生きとした健全性を見出し、その特質を賛美しました。

ゲーテは「私は健全なものをクラシック、病的なものをロマンティクと呼びたい」（『ゲーテとの対話』エッカーマン　山下肇訳　岩波文庫）と言っています。

ゲーテはダンテの偉大さを畏敬の念を込めて「才能」と呼ばず「自然」と表現しました。

しかし、そのようなダンテでさえ背後には数百年の文化や伝統の歴史を背負っており、彼の偉大さも幾多の優れた先人たちの文化的功績の蓄積の上に打ち立てられたものです。

古典とは、幾多の巨人たちによる文化伝統のバトンリレーで成り立っているとゲーテは言います。

科学者のニュートンも同様に「（自分に功績があるとしたら）それはひとえに巨人の肩の上に乗っていたから」と、連綿と自分まで受け継がれてきた先達の事績に敬意を示し、自らは謙遜しています。

〈古典を前にしたときの謙虚さ〉

ゲーテは「偉大な精神」への信頼と絶賛を惜しみませんが、謙虚さも忘れません。

私は、モリエールの作品を毎年いくつか読んでいる。それは、私が偉大なイタリアの巨匠たちの銅版画をときどき眺めるのと同じことだ。われわれのような小粒の人間は、こういうものの偉大さを、心の中にしまっておくことなどできないからな。そこでときどきそこへ帰って行って、その印象を心に蘇えらせることが大事なのだ。(前掲書)

モリエールやイタリアの巨匠芸術家に対して、なんとゲーテは自らのことを「小粒の人間」と位置付けています。**小粒な人間は、折に触れ偉大な精神（古典）に接して、自分の精神のチャージをしなさい**とアドバイスしているのです。

独創性ということがよくいわれるが、それは何を意味しているのだろう！　われわれが、生れ落ちるとまもなく、世界はわれわれに影響をあたえはじめ、死ぬまでそれがつづくのだ。いつだってそうだよ。一体われわれ自身のものとよぶことができるようなものが、エネルギーと力と意欲のほかにあるだろうか！　私が偉大な先輩や同時代人に恩恵を蒙《こうむ》っ

ているものの名をひとつひとつあげれば、後に残るものはいくらもあるまい。(前掲書)

この発言にはロマン主義への批判が読み取れます。

われわれ「小粒の人間」は、感傷と虚栄と欺瞞《ぎまん》に満ちた「独創性」などを追い求めても意味はない。われわれが自分自身のことを「エネルギーと力と意欲」と呼ぶことができれば十分満足ではないか。

われわれが恩恵を受けている「偉大な精神」の生成は、卓越した偉大な先輩や同時代人たちに任せておけばいいのだ、われわれが生まれたときから影響を与え続けてくれている偉大な世界に信頼をおいていればいいのだ、と。

〈洞察力を養う〉

ゲーテはシェークスピアに対しても深い敬意を払い、自分はシェークスピアの足元にも及ばないと宣言します。

シェークスピアについて、何か言える資格のある人はいない。何を言っても、言いたりないのだ。(前掲書)

舞台なんか、彼の偉大な精神にとっては、あまりに狭すぎたのさ。それどころか、この目に見える全世界すらも、彼には狭すぎるくらいだったのだ。(前掲書)

また、ゲーテは自分がシェークスピアから得られたものを分析します。

(シェークスピアは)、銀の皿に金の林檎をのせて、われわれにさし出してくれる。ところがわれわれは、彼の作品を研究することによって、なんとか銀の皿は手に入れられる。けれども、そこへのせるのにじゃがいもしか持っていない。これではどうにも恰好《かっこう》がつかないな。(前掲書)

ゲーテは自分自身、シェークスピアから銀の皿という「洞察力」は得られたが、金の林檎《りんご》という、シェークスピアに比肩するような「創作力」は得られなかったと告白します。私たちも、巨匠のように古典を創造することは至難の業かもしれませんが、**古典と苦闘することによって洞察力(評価力)を得ることは可能なのだと、ゲーテは励ましてくれます。**

偉大な精神=古典に対する洞察力のある人間(目利き)が増えることは、日本の文化全体のレベルアップに寄与します。文化を育てる優れた審美眼、批評眼を養うことは、私たち円熟の世代の目標であり、使命なのです。

ゲーテは１７８６年から20ヵ月間、憧《あこが》れのイタリア旅行に出かけ、『イタリア紀行』を書きました。古代ギリシア・ローマとルネッサンス期の美術を自分の眼で見て回り、古代の人々の精神が息づくローマの空気を胸いっぱい吸い込んだのです。

古き良き実物に触れておくことは「生きた印象」が体内に保存でき、「生きた学び」に通じていきます。

ゲーテは、人間は死ぬ瞬間まで人間形成をするべきだと考えていました。

「およそ偉大なものはすべて、われわれがそれに気付きさえすれば、必ず人間形成に役立つものだ」（前掲書）

「気付きさえすれば」がキーワードです。偉大なものが目の前にあっても気づかない。偉大なものの存在に気づいても、その偉大性に気づかない。偉大性に気づいても、その偉大性が人間形成に役立つとは気づかない……。

人は、自分で自分の内部をいくら覗き込んでも自分は発見できません。自分を映し出すのは他者しかないのです。そして、その他者は精神的に偉大な人物に越したことはないのです。

〈「古典力」を鍛える〉

私には『古典力』（岩波新書）という著書があります。その中に「古典を読むための10ヶ条」という項目がありますので、かいつまんでご紹介します。

①事前に一通りの知識を得る

先入観を持たずに事に臨むというのは悪いことではありませんが、優れた古典に関しては、理解をより深めるためにも事前の案内人は欲しいものです。

兼好法師も『徒然草』で「少しのことにも、先達はあらまほしき事なり」（第五十二段）と助言してくれています。

すでに古典を読んだ人から話を聞いたり、本の前書きや後書きを事前に読んだり、インターネットのレビューを見たり、その古典について書かれている解説本を読んだりして、概要をかねてから把握しておけば、壮大な「古典探検」はスムーズに取り組み始めることができます。また、書店などで実物の本を手に取って、表紙の雰囲気や帯の宣伝文句、目次などを見るのもいいでしょう。

これらの情報のことを「パラテキスト」と呼んでいます。パラテキストとは「テキスト（古典）のテキスト（事前情報）」という意味合いです。

パラテキストは単なる独立した情報ではなく、本体の古典のテキストに対して、自分の糸を延ばし、織り込み、折り重なり、一つの新しい織物を編み上げており、「地続き」になっています。パラテキストを読むときは、すでに本体の古典を読み始めているのです。

②引用するつもりで読む

これぞと思う古典ができたら、何度も何度も読んでください。何度読んでも新しい発見があるからです。何度も読んでいるうちに、気に入った文章が出てきます。その文章は必ず覚えておいてください。古典の一節がふと口を突いて出る瞬間は、贅沢で祝祭的な経験です。覚えようとしなくても覚えてしまうのが名著名文の所以《ゆえん》ですが、その文章をどこかで「引用」しようとする意思があったほうがより確実に覚えられるでしょう。

引用は、古典の価値ある文章を自分が書く文書にはめ込んだり、人と話すときにたとえ話などで披露したりする場合に使います。記憶したものをすぐにアウトプット（引用）することは記憶の定着にも役に立ちます。この「引用」は大変有用な技です。

たとえば、『論語』の中にある「之《こ》れを知る者は之れを好む者に如《し》かず。之れを好む者は之れを楽しむ者に如かず」というフレーズが気に入ったとします。そのフレーズを「引用」して誰かに話す。その誰かがそのフレーズを気に入って「引用」し、また別の誰かに話す。その別の誰かがまた……。一つのフレーズが次々と伝播《でんぱ》していく様子を想像してみてください。様々な人による「引用」の「パス回し」によって、価値ある『論語』のフレーズが世界中に広まっていく。この連鎖反応は大変クリエイティブで、しかも世の中の知性と倫理の発展に少なからず貢献します。

「引用」は世界中に「知」と「和」のネットワークを作る優れたツールなのです。

③古典の影響関係を読み取る

古典は、他の無数の古典との互いの中継点です。

古典は、古典というネットワークの一つひとつの結節点（結び目）です。古典や名著はお互いに密接な影響関係にあります。

村上春樹の『１Ｑ８４』は、ジョージ・オーウェルの近未来小説の古典『一九八四年』に触発されてできたオマージュ（敬意）小説です。ドストエフスキーの『カラマーゾフの兄弟』に影響を受けた作家は、村上春樹をはじめ数知れず、埴谷雄高《はにやゆたか》に至っては、和製『カラマーゾフの兄弟』とも称すべき『死霊』を書いています。モンゴメリの『赤毛のアン』は、聖書やシェークスピア、バイロンなど幾多の古典の引用や影響の痕跡に満ち満ちています。

「数千年もの文学の伝統の厚み」がそこにあります。

村上春樹も埴谷雄高もモンゴメリも文学の長い歴史の中で、古典への情熱というバトンを偉大な先輩から受け取り、後世の後輩にバトンをつないでいます。古典によって人間の情熱と知恵が受け継がれることで人類は豊かになってきました。

私たちは、知の巨人たちからの豊かな恩恵を浴びるように受け取っていることを忘れてはいけません。古典があることによって私たちは、国や民族を超えた人類に対する信頼を感じると同時に、偉大な人たちとつながっている自分に対して自己肯定感を感じるのです。

④「断片読み」

古典の種類によっては読み方も色々あります。

私たちの前に屹《きつ》立《りつ》する古典の壮大な山脈を踏破するために、律儀に本の始めから順序を踏んで立ち向かうばかりが手ではありません。あまりに意気込みすぎると、最初の段階で息切れがし、それより先に進めなくなることがあります。

そういうときには、本をパラパラとめくってページの途中で目に止まったところ、気に入ったところをとりあえず読めばいい。いわゆる断片読みです。この読み方は社会科学系の本にも適しているのではないでしょうか。

社会学者の内田義彦氏は、断片の言葉、断片の文章との出会いの大切さを説いています。

内田氏は、

「まず断片、断片を身につまされる形で知る、そこから始めるべきであります」

「自分で考えてゆくために本を読むという場合、少なくとも、さしあたって断片が、直接自分にどう突きささってくるかが問題です」

「自分に突きささってくる章句をまず自分で発見すること。これがいちばん肝要です」

と言います。（『社会認識の歩み』内田義彦　岩波新書）

「身につまされる」「自分に突きささる」などは極めて身体的な表現です。

本の全体像や全体把握、体系化ももちろん大切だが、自分がその古典に対峙《たいじ》したときに、**何か一つの断片に、いかに身体ごとズドンと撃ち抜かれたかという身体感覚を大切にしなさいとアドバイスしているのです。**街を歩いているとき、ふと流れてきた名も知らない音楽の一節に身も心も「もっていかれる」という感覚と似ています。

本という壮大な建築物から自ら選び取った小さな断片の材料を参考にして、性急にその建築物の全体構造（体系）を考えるのではなく、自分の中に「体系感覚」を養う意味でも、まずはその断片に対して自分の新鮮な眼で向き合ってみることが大切だと内田氏は述べています。

私たちに突きささってくる一つの言葉、一行の文と出会えたら、まずはそれを吟味し、それから、じっくりと古典の全体像とつきあっていっても遅くはありません。

〈改めて日本語を学ぶ〉

私は、日本人に生まれ、日本で育ち、日本語を使ってきました。私はそれで大変満足しています。特に日本語には感謝しています。「日本語に出会えてよかった！」と快哉《かいさい》を叫びたいくらいです。

私たち円熟期のすべての人間にとって、日本語は最大で共通の「昔取った杵柄《きねづか》」です。生まれたときから身につけ、鍛えてきた日本語の言語運用能力を今一度引っ張り出して、使ってみたり、味わってみたりしない手はありません。蓄積された過去の基礎力はすでに備わっているのです。

英語をはじめ外国語にチャレンジするのもいいのですが、やはり母語の日本語の恩恵と魅力を再認識して学び直していくことを、有限な時間の中で有限な資源を有効に使うという考え方からもお勧めする次第です。

〈「言葉とは世界のことである」〉

言葉とは、混沌《こんとん》とした世界を人為的に切り分け一つのまとまりをつけるものです。人は言葉によって初めて世界を認識できるのです。

言語学者は、ある概念が先にあってそれに名前（言葉）がつくのではなく、名前（言葉）がつくことによって、ある概念が私たちの認識の中に立ち現れてくると説いています。

とりわけ大切なのは、言葉と言葉の間の「差異」です。差異があってこそ意味が生まれる。言語は差異の体系なのです。

私たちは、言語の網の目で世界を見ています。

森羅万象に対してどのような切れ目を入れる（名前をつける）かで、世の中の見方が変わってきます。

心理学者の今井むつみ氏は『ことばと思考』（岩波新書）の中で、日本語や英語には色の名前が11もあるが、パプア・ニューギニアのダニ族という部族の言語では2つしかなく、また、世界の119の言語のうち、緑と青を区別する言語は30しかないということを述べています。

古来温泉地帯であった日本は、水と湯を分けて認識しています。しかし、中国語では湯のことはスープを意味し、英語では湯は水の一種で、hot waterと表現します。

フランス語では蝶も蛾も同じパピヨンと言います。

以上の例のように、言葉というものが世界の見え方（切り取り方）を決定していると言えます。

「言葉が世界だ」という考え方です。

〈日本語力は「語彙力」と「語感力」〉

語彙力、つまり言葉の質と量の豊かさは、私たちの世界を豊かにします。

ソシュール的に言いますと「言葉が世界」ですから、言葉を知るということは世界を知るということになります。自分の言葉が、自分の思考や感情、世界までも作っています。

言葉が粗雑だったら、思考も感情も世界も粗雑です。言葉が繊細だったら、思考も感情も世界も繊細です。

日本語力の決め手には「語彙力」はもちろんですが、言葉のニュアンスを鋭敏に感じ取る「語感力」も忘れてはなりません。

「さりげない」という言葉には外国語に訳しにくいニュアンスがあります。

「さりげない」に似た言葉で「なにげない」があり、「さりげない」は「意図はあるが、他人からその意図を感じさせない配慮」で、「なにげない」は「はっきりした意図がなくて行動する様子」のことを意味します。

「女の人がさりげなく男のコートの襟《えり》をなおす」と「女の人がなにげなく男のコートの襟をなおす」とでは男女二人の関係性がだいぶ違って見えます。

「さりげない」と「なにげない」と同じように、たとえば「ふれる」と「さわる」では論理的な意味内容はほとんど同じですが、ニュアンス的・心理的な表現面では微妙な感覚の差があります。

また「親戚」「親族」「親類」「身内」「縁者」などもはっきりとした意味の差はなさそうですが、使う場所や状況によって感覚的な適切・不適切があるように思われます。

語感やニュアンスも含めた豊かな語彙を繊細に使い分けることができる人には、普段の世界も、肌理《きめ》の細かい、微妙なニュアンスに富んだ世界として目に映っていることでしょう。

言葉のセンスは、円熟した大人の必須科目です。**言葉のチョイスは、その日のファッションのチョイスより難しく、その人の人格まで決定してしまいかねません。**

「言葉は身の丈《たけ》」「言葉は立ち居を表す」と言います。使う言葉とその使い方で、その人の品格が恐ろしいほど露呈するのです。

〈第8章〉美意識力

〈美意識とは〉

円熟期の大人が身につけるべき素養の一つは美意識です。

美と言われると、絵画や音楽など芸術方面に特有な近寄りがたい「高尚なもの」と思いがちですが、美とは日常の生活様式や行動の全領域どこにでも遍在しており、その気になれば容易に見出すことができるものです。

バスケットの試合で大きく美しい放物線を描いて3《スリー》ポイントシュートが決まったとき、思わず「かっこいい！」と叫ぶのも美意識の表れです。

美人とか美男子ではなくても、いつも立ち居振る舞いが自然体で、誰に対しても気持ちよく接し、高価で流行のファッションを身に着けてなくても人に不快を与えない清潔でこざっぱりした服装をした人を「いいね！」と感じるのも一つの美意識です。

「美しい」とか「きれいだ」ばかりではなく、何につけ「素敵だね」「かっこいい！」「いいね！」と気軽に感嘆するのも、美意識が働いている証拠です。

美とは美しいもののばかりのことではなく、他の価値観と固く結びあっています。「真善美」

という言葉があるように、人は真や善を感じるとき、同時に「美しい」という感慨が起こります。もちろんその逆も同様です。

宇宙や生命の奥深い神秘を知ったとき、私たちは畏怖や驚嘆とともに、そこに美しさも感じます。数学の超難問と言われている「ABC予想」に挑戦した京都大学の望月新一教授も、解明の糸口に触れた瞬間は、甘く美しい（甘美な）気持ちになったに違いありません。

あるいは、自分の命も省《かえり》みず、他人の子供を火事の家から救出したという話を聞くと、皆それを「美談」（美しい話）だと称《たた》えるでしょう。倫理的な「善」には「美」も同時に含まれているのです。

このように美は、他の価値観と溶け合いながら日常の至るところに遍在しています。

〈日常の中の美〉

美術館やコンサートホールに行くことばかりが美というものを感じる契機ではありません。通勤のとき、通い慣れた道筋でふと上を見上げると、ビルの間から小さな青空が見えて小さな感動を覚えたとか、アスファルトの道端の裂け目に雑草のような小さな黄色い花がけなげに咲いているのを見つけ、和《なご》んだとか。

その気になれば美はどこにでも存在しているのです。

日本人は本来、普段のなにげない生活感覚の中に、どんなに小さくても、美を探し出す美意

識と美的感覚を持っています。

美は向こうにあるのではなく、美は常にこちらにあります。こちらが気づかなくては、美は存在しません。**私たちはモノを見ているようで、案外見ていない。見ているつもりで通り過ぎていく。**私たち現代人はそこの事情を忘れてしまいがちではないでしょうか。

私たちは頭脳優先の時代に生きています。明治初期以降、日本の西洋化、都市化とともに、身体文化がおざなりにされて、「頭脳が上で身体は下」という頑強なイデオロギーが定着しています。生身の眼や手がおろそかにされ、肚《はら》や腰がないがしろにされているのです。

〈見ているが、見ていない〉

小林秀雄は、見ることや聞くことは自然から人間に与えられた当然の天賦の才能だと皆勘違いしているが、それらを使いこなすにはたゆまない工夫と鍛錬《たんれん》が必要だと警鐘を鳴らしています。

そして、現代人の「見たつもり」に強烈な疑問符を投げかけています。

> 見ることは喋ることではない。言葉は眼の邪魔になるものです。例えば、諸君が野原を歩いていて一輪の美しい花の咲いているのを見たとする。見ると、それは菫《すみれ》の花だとわかる。何だ、菫の花か、と思った瞬間に、諸君はもう花の形も色も見るのを止めるでしょう。諸

> 君は心の中でお喋りをしたのです。菫の花という言葉が、諸君の心のうちに這入《はい》って来れば、諸君は、もう眼を閉じるのです。それほど、黙って物を見るという事は難かしいことです。菫の花だと解るという事は、花の姿や色の美しい感じを言葉で置き換えて了《しま》うことです。言葉の邪魔の這入らぬ花の美しい感じを、そのまま、持ち続け、花を黙って見続けていれば、花は諸君に、嘗《かつ》て見た事もなかった様な美しさを、それこそ限りなく明かすでしょう。（『読書について』 小林秀雄 中央公論新社）

読書においても「皆、書物から著者という人間が現われるのを待ち切れない」と嘆いています。菫の花の姿や色も、皆、その顕現を待ちきれません。

現代人は、そのとき、その場の一輪の花を、頭で瞬時に判断し、菫という概念の箱にしまったら安心してさっさと行ってしまう。「何だ、菫の花か」。「著者が自らの姿を現すまで待ちきれない」読書と同じです。

「分かったつもり」「見たつもり」。

花が自らの美しさを現すまでじっと待ち続けることができない。待ち切れずに「菫の花の姿や色の美しい感じ」を享受せずに通り過ぎていくのです。

では、美を感じるにはどうすればいいのでしょう。再び小林秀雄に聞いてみましょう。

絵や音楽が解ると言うのは、絵や音楽を感ずる事です。愛する事です。知識の浅い、少ししか言葉を持たぬ子供でも、何んでも直ぐ頭で解りたがる大人より、美しいものに関する経験は、よほど深いかも知れません。実際、優れた芸術家は、大人になっても、子供の心を失っていないものです。(前掲書)

子供の心といえば良寛やピカソを思い出しますが、子供の心になるということは、虚心坦懐《きょしんたんかい》になることです。心をむなしくして、先入観をなくす。

先入観というものは人間に死ぬまでついてくる性《さが》ですから、全部なくすのは難しいかもしれませんが、美を前にして見たり聞いたりするときは、前知識や思い込み（先入観）をいったん「括弧《かっこ》」に入れて臨むのがいいでしょう。

〈日本の美意識は「雑種文化」の上に咲いた花〉

美は単独ではなく、他の価値観、真や善と手を携《たずさ》えて、真善美の「トータルな価値観」を構成しています。

美意識を含む日本のトータルな価値観は、加藤周一が『雑種文化　日本の小さな希望』（講談社文庫）で述べたように、「雑種文化」の中で生まれ、育ちました。

ここで言う「雑種文化」とは、雑多なものを何でも柔軟に受け入れて、それらを平和裡《り》に共存させ、発展させるスタイルのことを指しています。

では、雑種文化はどのようにして生まれたのでしょうか。

色々考えられますが、**「日本の中心が『中空』（からっぽ）だったから」というのも理由の一つではないでしょうか**。

精神科医の斎藤環《たまき》氏が『「日本人」とは何者か？　河合隼雄「中空構造日本の深層」』の中で、ユング派の心理分析家である河合隼雄《はやお》氏の『中空構造日本の深層』（中公文庫）という本について次のように語っています。

河合氏は『古事記』を精神分析的に研究して、『古事記』神話には「中空性」があるとし、日本文化も日本人も同様に「中空性」の枠組みの中にあると論じます。中空とは外側だけがあって中はからっぽの構造のことです。

西欧では文化や政治などのシステムにおいて、その中心はけっして「中空」（からっぽ）ではなく、なんらかの「濃密な価値」で満たされています。それは、宗教などの強力な精神的支柱だったり、資本主義や民主主義などの原理原則やイデオロギーだったりします。

近代西洋人が人間の真ん中に「自我」という「濃密な価値」を据《す》えたように、西欧ではシステムの真ん中にも、何らかの大きく充足した支柱を打ち立てることが重要だという考え方があるようです。それを受けて河合氏は日本について次のように論じます。

わが国が外来文化を取り入れ、時にはそれを中心においたかのごとく思わせながら、時がうつるにつれそれは日本化され、中央から離れていく。しかもそれは消え去るのではなく、他の多くのものと適切にバランスを取りながら、中心の空性を浮かびあがらせるために存在している。このようなパターンは、まさに神話に示された中空均衡形式そのままであると思われる。（『中空構造日本の深層』河合隼雄　中公文庫）

日本のシステムの中心は「からっぽ」だから、宇宙のブラックホールのように外部から何でも雑多なものを吸引し、受け入れ、仲良く存続させる。雑種文化はそのような基盤のもとで、種をまかれ、育てられてきたという考え方です。

日本の美意識も日本の「からっぽ（中空）構造」の影響を受けないわけにはいきませんでした。

〈神社は「からっぽ」だから美しい〉

斎藤環氏は日本の「中空構造」は神社という建物の構造にも表れていると分析します。

神社には、神がいるわけではありません。また神の姿を象《かたど》った偶像が安置されているわけでもありません。御幣《ごへい》とか鏡とか依《よ》り代《しろ》があって、そこに神様が降りてくる……らしい。

でも、西行《さいぎょう》の歌「何事のおわしますをば知らねどもかたじけなさに涙こぼるる」のように、どこかありがたい感じがする。それは、空気を隠蔽している建物の構造とか雰囲気が有効なのであって、まさに存在しないがゆえのありがたみというべきものが神社にはあります。ここに中空構造が見え隠れする。神社は空《から》の器であり、中空であるがゆえに〝なにか〟が宿っているのです。(『別冊１００分de名著「日本人」とは何者か？　河合隼雄「中空構造日本の深層」』斎藤環　ＮＨＫ出版)

日本人には神社の「からっぽ感」に対して美しさを感じ取る独特な美的感覚があります。斎藤環氏は続けて、伊勢神宮の式年遷宮《しきねんせんぐう》の例を出します。

式年遷宮とは20年に一度のご神体の引っ越しのことで、正殿などの古い社殿を建て直すために正確なコピーの社殿を作り、その新しい建物のほうにご神体を遷《うつ》すという儀式を指します。引っ越しするたびにコピーがオリジナルになる。聖地という中心が入れ替わる。それが20年ごとに繰り返されるのです。中心が中空、空虚でなければ成り立たない考え方です。

斎藤環氏はもう一つ、日本の「中空構造」の例を挙げます。

フランスの哲学者ロラン・バルトが日本に来たとき、東京のことを「いかにもこの都市は中心をもっている。だが、その中心は空虚である」(『表徴の帝国』ロラン・バルト　宗左近訳　ちくま学芸文庫)と評しました。斎藤環氏はバルトの言葉を説明します。

ヨーロッパでは、都市の中心に行くに従って教会などの施設が集中し、「充実」しているが、東京は中心に皇居という「禁域」をおき、緑に蔽《おお》われ、濠《ほり》によって防御されている。「神聖なる《無》」を隠している。バルトは、短期間の滞在だったにもかかわらず、これこそ日本の特異性の一つであると喝破《かっぱ》したのです。（前掲書）

神話、神社、皇居。河合隼雄氏が提唱した「中空構造」は、日本文化の中にも姿を変えて根づいています。「中空＝からっぽ」は「不在」ということに通じます。

日本の美意識は、「不在」、そして「不在」から派生する「不足」「不完全」「空白」「余韻」などをキーワードとして、大きくユニークな文化の花を咲かせていくのです。

〈日本文化はアレンジ文化〉

日本には八百万《やおよろず》の神がおわしますせいか、「捨てる神あれば拾う神あり」というように、日本の文化は、「なんとかなるさ」的にかなり自由で、いい意味で「いい加減」です。

宗教的にも、あるときは仏教徒、あるときは神道信者、あるときはキリスト教徒、なんとも変幻自在です。

河合隼雄氏の言に従うと、日本人の心性が「中空」だからこそ、「来る者は拒まず、去る者は追わず」の精神で、色々な雑多なものをどんどん柔軟に取り入れては出ていくのに任せます。出ていくことに対して恬淡《てんたん》なのは、アウトプットしなければ中身が空洞にはならず、新しいエネルギーがインプットできないことを知っているからです。

戦後における人々の、経済的にも精神的にも立ち直りの早さ、変わり身の早さも見事なものでした。ここにもいい意味での日本人の「中空度」「いい加減さ」が現れています。

作家の坂口安吾は『堕落論』の冒頭で次のように書いています。

> 半年のうちに世相は変わった。醜《しこ》の御楯《みたて》といでたつ我は。大君《おおきみ》のへにこそ死なめかえりみはせじ。若者達は花と散ったが、同じ彼等が生き残って闇屋《やみや》となる。ももとせの命ねがはじいつの日か御楯とゆかん君とちぎりて。けなげな心情で男を送った女達も半年の月日のうちに夫君の位牌《いはい》にぬかずくことも事務的になるばかりであろうし、やがて新たな面影を胸に宿すのも遠い日のことではない。人間が変ったのではない。人間は元来そういうものであり、変ったのは世相の上皮《うわかわ》だけのことだ。(『堕落論・日本文化私観』坂口安吾　岩波文庫)

戦地から生還した若者がけろりと闇屋になる。戦争未亡人は新しい恋の予感に心を震わせる。人の情というものは薄情で移り気なものだが、責めることはできない。何があっても、実際的に、強《したた》かに、健康的に、生き残ることだけが美しい。安吾はそう主張しているようです。

日本人と日本文化は、「中空構造」の吸引力を以《もっ》て、新しい事物を「いいとこ取り」の感覚で、自《じ》貪欲に取り入れ、バランスよく整理したり、並べ直したり、新しく組み換えをしたりして、自家薬籠中《かやくろうちゅう》のものにしてしまうのが得意です。

韓国やベトナムでは漢字使用は激減しましたが、日本は中国から取り入れた漢字を廃止せずに、ひらがな、カタカナと展開し、バランスを取りながら共存させていきました。特にカタカナを獲得したことにより、西欧語は原則無限に吸収することが可能になりました。

また、明治期には西欧の抽象語を「和製漢語」に軽やかに翻訳し、欧化政策を推し進めました。思想、主観、客観、経済、哲学、文学、理性、意識、時間、空間など、その例の枚挙《まいきょ》にはいとまがありません。

日本文化はアレンジ文化と言っていいでしょう。既存の言語から自前の言語を作り出すのも、使い勝手がいいように翻訳することもアレンジの一種です。

〈「添いつつ、ずらす」文化〉

種々雑多なものを取り入れ、整理し、組み合わせ、移し変え（アレンジ）、自分に合わせ（カスタマイズ）し、リニューアルしていきます。

雑種文化、アレンジ文化のもとで、リニューアル民族でもあるのです。

リニューアル（更新）は、リフォーム（形を変える）、リサイクル（再利用）、リユース（再使用）、リセット（再起動）、リファイン（洗練）、リミックス（再構成）などに通じます。

リニューアルは引用もいといません。どんどん色々なものを引用します。

しょせん世の中の中央には「濃密な価値」のようなものは何もなく、全体が無数の縦横の引用の糸で織りあげられている織物で覆《おお》われているという達観があるのかもしれません。

「中空構造」の思想があるからこそできる芸当です。

リニューアルも「添いつつ、ずらす」の一種です。

外来文化などの外部のものに、とりあえずは「添う」。そして、寄り添いながら、新しく作り変えるように「ずらす」。「ずらす」は「離れる」でも「切る」でもあってはいけません。穏《おん》便《びん》につかず離れずで「ずらす」のです。

この考え方は、どんなに異質で矛盾した要素でも吸収し、「丸く収める」改良型の中庸《ちゅうよう》的な日本人の肌合いにすんなりフィットするのです。

矛盾を受け容れ、矛盾のままで保存することができる「矛盾耐性」の強い「中庸民族」でもあるのです。

〈日本人の美意識①　「暗示」〉

2019年に亡くなった日本学者のドナルド・キーン氏は『日本人の美意識』（ドナルド・

キーン　金関寿夫訳　中公文庫）の中で、**日本の美意識の特徴を分析して、「暗示」「いびつさ」「簡潔」「ほろびやすさ」の4つのカテゴリーを提出しています。**

各々どれをとっても、渋みがあり、控えめで、洗練されているコンセプトばかりです。それだからかドナルド・キーン氏は、この4つが日本のすべての時代やすべての階級にわたって普遍的であるということを断定しているわけではないと冒頭部分で断わりを入れています。日本人の美意識の中にはその対極の一方に、歌舞伎や日光東照宮などの例があるように絢爛豪華さへの嗜好もあるからです。

しかし、この4つの分類は日本文化の美意識の基本的な有り様をほぼ正確に言い当てていると思われるので、このコンセプトに準じて話を進めていきたいと思います。

まず「暗示」から始めましょう。

暗示とは、「はっきりではなく、それとなく示すこと」です。

何かをほのめかし、匂《にお》わせる。何かを表現する際に、全部言わなかったり、全部見せなかったりする。つまり表現の「省略化」「簡略化」をするわけです。一種の「不完全性」を表明する。すると受け取り側はその不完全なところ、「穴」や「空白」を埋めなくてはならない。相手の言葉や表情の切れ端の情報をかき集めて、自分のありったけの想像力を総動員して「余白」を読み取り、穴埋めしなければならないのです。

そこに困難や苦労を見ません。むしろ面白味を感じます。

「余白」を埋める精神の営みが「余情」とか「余韻」と言われている正体なのです。

暗示に対して適切な対応が取れない人のことを「察しが悪い人、野暮《やぼ》でいけずな人」と呼びます。反対に、暗示に関して「察しのいい人」は「一を知って十を知る人」とほめられます。

いずれにしろ日本は「暗示」や「空気」を読むことが求められている「ハイコンテクスト」な社会に違いありません。

日本人は曖昧《あいまい》なものにも暗示をかぎ取り、愛し、そこに美を感じてきました。

谷崎潤一郎は『陰翳礼讃《いんえいらいさん》』の中でその曖昧な暗さを礼賛しています。

「もやもやとした薄暗がりの光線で包んで、何処から清浄になり、何処から不浄になるとも、けじめを朦朧《もうろう》とぼかして置いた方がよい」（『陰翳礼讃』谷崎潤一郎　中公文庫）

曖昧とは、はっきりせず、確かでなく、ぼんやりしていて、あやふやで、うやむやで、おぼろげで、どっちつかずで、なんだか怪しい感じ……。「曖」も「昧」も暗いという意味です。

暗示には「暗くて見通しがきかない」という感覚も加わりそうです。

〈寡黙は美徳〉

日本人の「暗示」好きは日本人の「寡黙」癖と関係があるかもしれません。

金田一春彦氏は著書『日本人の言語表現』（金田一春彦　講談社現代新書）で、「日本人は、なるべくものを言わないこと、ものを書かないことをよしとした」と書いています。

日本人にとって「寡黙は美徳」ということです。

金田一氏は次のような話を披露しています。

『今昔物語』の中での、源頼信の寡黙さが源氏の棟梁《とうりょう》としていかにもふさわしかったという話。

兼好法師が『徒然草』の中で「よくわきまへたる道には、必ず口重く、問わぬ限りは言はぬこそいみじけれ」（七十九段）と記しているという話。

軍人の大山巌元帥《おおやまいわおげんすい》や山本五十六《いそろく》元帥が沈黙の英雄として皆から尊敬されていたという話。

また、現代の話なら、日本人が言葉を極力省略する例としてよく紹介されるのが「俺はウナギだ」というフレーズだという話。

「寡黙は美徳」という価値観がもたらしたものかどうかは分かりませんが、日本語では主語（主格）や補語がよく省略されます。省略が必然的に「暗示」を生み出すことは言うまでもありません。

金田一氏は、芭蕉の『おくのほそ道』の「田一枚植ゑて立ち去る柳かな」という句について「これは、決して、植えた当人が立ち去ったわけではない。田一枚植え終わるのを見た芭蕉が柳のもとを去ったのである。ここでは、主格がいつの間にか動いている」（『日本語（下）』金田一春彦　岩波新書）と解釈しています。

省略によって暗示が生じ、暗示が読者に多様な解釈を許すのが日本の文芸です。

同じ本で、日本人が言葉を「言いさす」（言うのを途中でやめる）ことについて、その理由を次のように述べています。

> 日本語の文脈で動詞が最後に来ること、したがって言わないでも察しがつくこと、動詞をいうと断定の語気がこもる、それを避けること、そんなようなことから来るものだ。（中略）この種の、言葉の節約は、特に女性が多くやる。『金色《こんじき》夜叉《やしゃ》』の熱海の海岸でのお宮の言葉、「貫一さん、それじゃあんまりだわ」もこれだ。つまり、あんまりどうであるかは省略しているが、これが日本的である。A・ロイドの訳では次のように、「残酷な」という言葉をはっきり使っている。How cruel you are, Kanichi! こういうことは『源氏物語』の昔からあった。われわれが『源氏物語』を読みにくいというのは、このような場合に形容詞をはっきり使わず、読者に想像させるところにもある。（前掲書）

〈日本人の寡黙は言霊のせい？〉

日本語のコミュニケーションの特徴は、物事をはっきり言わないことによって、つまり「暗示」につながる「省略」によって、受け手の想像的参加を促すことにあります。

「お話というものは常に不完全で未完成なものです。一緒にお話という作品を作り上げていきましょう」と受け手に呼びかけてくるのです。

「省略」は「暗示」を招き、「暗示」は「余情」を導きます。「余情」は日本人の美的感覚にと

って「ごちそう」です。

日本人が寡黙なのは言霊《ことだま》信仰に一因があるのかもしれません。

古代日本では、言葉には呪術的で不思議な力が宿っており、良い言葉を発すると良いことが起こり、不吉な言葉を発すると不吉なことが起こるとされていました。

当時は「言《こと》」と「事《こと》」が同じでした。

現代でも結婚式では「切れる」「飽きる」「終わる」「離れる」「冷える」などが、葬式では「重ね重ね」「追って」「死ぬ」などが禁句で「忌《い》み言葉」とされています。

これも言霊信仰の名残《なごり》です。

自分の意見をはっきりと声に出して言うことを「言挙《ことあ》げ」といい、それが自分の不注意や驕《おご》りによるものであった場合には、悪い結果がもたらされると信じられていました。

冗談でも「会社がつぶれるのではないか」とか「もうすぐ死ぬのではないか」と口にすることは今でも戒《いまし》められている行為です。

〈「幽玄」の世界〉

さて、ドナルド・キーン氏の『日本人の美意識』に戻ります。

平安中期の歌人兼批評家の藤原公任《ふじわらのきんとう》は歌の優劣を9階級に分け、最高峰を「ことばたえにしてあまりの心さえある也」(詞《ことば》の妙を尽くして、余情のあらわれる境地)としました。「妙《たえ》」

とは「微妙なほのめかし」くらいの意味でしょう。暗示と余情がセットになった美意識が、この時代に文芸理論として出来上がったのです。

12世紀末には、歌人の藤原俊成《ふじわらのしゅんぜい》が「幽玄《ゆうげん》」という新しい美的理想を打ち出しました。

幽玄という概念は、小説家エドガー・アラン・ポーの言葉、「曖昧で、またそれゆえに神秘的な効果を醸《かも》し出す暗示的な不明確さ」に通ずるものがあり、「幽玄」の理想形は、藤原定家の次の有名な句で結実したのではないかとドナルド・キーン氏は推測します。

見わたせば花も紅葉《もみじ》もなかりけり浦のとまやの秋の夕ぐれ

ドナルド・キーン氏はこの歌を次のように解説しています。

定家は、日本の詩歌が慣習的に賞美して来たものがどこにも見当らない風景を眺めやる。しかしそれよりも我が心の中でもっと深い美への意識を揺り動かすのは、まさに単色の景色から醸し出される厳しく簡素な美だということを発見する。もし誰か他の人間が、そうした美の存在を否認して、詩人がそこに見たもののすべては、みすぼらしい漁師の小屋（苫屋《とまや》）だけで、その他のものはすべて幻影にすぎないと言い張っても、たとえ定家とても自分を弁護することは出来なかったに違いない。目で見たり筆で書いたり出来るものを超えたところに存在する意味を進んで認める意志がないところに、暗示は成り立たない。

（『日本人の美意識』ドナルド・キーン　金関寿夫訳　中公文庫）

〈「不在」が最高の「暗示」〉

さて、この定家の句には残像効果のトリックが仕掛けられているのではないでしょうか。

「花も紅葉も」と詠《うた》われた瞬間、私たちの脳裏《のうり》には花の桜色と紅葉の紅色や黄色がすでにパッと思い描かれてしまっています。その直後「なかりけり」（なかった）と言われたところで、鮮やかな桜色と紅色、黄色は残像として私たちの頭にくっきりと残っています。

「いまさら、なかった話にしてくれと言われても」の気持ちです。その状態で「浦のとまやの秋の夕ぐれ」という情景が被《かぶ》さってきます。

「浦のとまやの秋の夕ぐれ」の色とはどんな色なのでしょうか。

秋の夕日がまだ照り返していたら、美しい黄金色かもしれません。とっぷり暮れた夕ぐれでしたら、薄墨色が勝《まさ》っていたでしょう。私たちの脳裏のパレットには桜色、紅色、黄色、薄墨色などの色が出そろい、美しく入り混じり、軽く混乱し、心地よい眩暈《めまい》が起きます。これがこの場合の「余韻」かもしれません。

「花がない」と言われたとき、不思議なことに単に「花がある」と言われたとき以上に、その花の存在感は増します。ないと言われた「花」とは一体どのような花なのだろう。人は俄然《がぜん》、気になり出します。

何かの不在は、かえってその存在感を高めるのです。何かの不在ほど暗示的なものはありません。何かの不在は、無限の余情や余韻を生みだす最高の燃料なのです。

〈クライマックスは嫌い〉

次は『徒然草』の有名な文章です。

花はさかりに、月はくまなきをのみ見るものかは。雨にむかひて月をこひ、たれこめて春の行衛《ゆくえ》知らぬも、なほ哀《あはれ》に情《なさけ》ふかし。咲きぬべきほどの梢《こずえ》、散りしをれたる庭などこそ見《み》所《どころ》おほけれ。(第百三十七段)

(桜の花は満開のときだけを、月は、雲などがなく、翳《かげ》りのないときだけを見るべきものであろうか。雨に向かって月を恋しく思い、部屋に引きこもって春がどこへ行くのか、その行く末を知らないのも、いっそう趣《おもむき》深いものだ。今にも咲きそうにしている花の梢、花が散りしおれた庭などこそ見所は多い。)

西洋的芸術概念に「クライマックス」という概念があります。ドナルド・キーン氏はクライマックスと兼好の美的感覚を比較します。

兼好にとっては、クライマックスは、物事の初めと終わりよりもさらに興味がないのだ。それは想像の余地を与えてくれないからである。満月や、今が盛りの桜の花は、三日月や、花の蕾《つぼみ》を想像させない。だが三日月や蕾（あるいは欠けてゆく月や散り行く花）は、満月や、盛りの花を想像させるのである。完璧性というものは、神聖侵すべからざる領域かなにかのように、侵入の余地を与えず、想像を許さない。(前掲書)

兼好は、クライマックス、盛り上がりや見せ場を好みません。

クライマックスが「意味の充満」だとしたら、アンチ・クライマックスとは「意味の不在」です。完璧に意味が充満していたら、想像力はそこから一歩も先に進めません。

兼好は、盛り上がりや見せ場が不在なところに、想像の力でそれ以上のものを見ようとします。

欠けた月や散りゆく桜は、不在（欠落、不完全）を表現しています。不在は暗示を生み、暗示は自由な想像力を刺激します。人々はその想像力とともに、不在という暗黒の闇の巨大な穴に喜々として吸い込まれていきます。

この日本人の「不在への偏愛」は河合隼雄氏が説いた「中空構造＝不在構造」に通底しているのです。

〈日本人の美意識②　「いびつさ」〉

ドナルド・キーン氏は、日本人の美意識の中には「いびつさ（不規則性）」に対する嗜好があると分析します。

「概して日本人は、昔から、均斉とか規則正しさを避ける傾向があった。そういう性質はおそらく、暗示の力を阻害《そがい》し限定することを恐れたからではなかろうか」（前掲書）

また氏は、整合性や均斉性を旨とする漢詩の対句法は日本人の趣味に合わず、和歌の三十一文字も西欧の定型詩と比べると、不規則性のほうが勝っていると言います。

氏は寺院建築の設計においても、日本人が均斉を嫌うことを指摘します。

もちろん日本には、平等院のように左右対称（シンメトリー）の美しい建築物がありますが、むしろ左右非対称（アシンメトリー）の建物が好まれる傾向があります。アシンメトリーの建物ではブルーノ・タウトが絶賛した桂離宮や京都三名閣の一つ西本願寺飛雲閣などが有名です。建築様式では床の間が内部にある書院造は美しい非対称性を持っています。

ドナルド・キーン氏は、日本人がなぜいびつさを好むかという理由として、

「すべて、何も皆、ことのとゝのほりたるはあしき事なり。しのこしたるを、さて打ち置きたるは、面白く、生き延ぶるわざなり」（『徒然草』第八十二段）

という兼好法師の言葉を紹介しています。

整ってなかったり、やり残していたり、何事につけて物事がきちんとしていないほうがよいのだと兼好は説いていると氏は解説します。

日本人が愛する、不均衡なもの、非対称性なもの、いびつなものは、建築物の他にもたくさん発見することができます。

生け花では花の配置の基本形として、正三角形や二等辺三角形ではなく、主に不等辺三角形を用います。茶の湯の茶碗や茶器では形が整ったものより、いびつなものが好まれます。

千利休の弟子として当時の茶の世界で一世を風靡《ふうび》した古田織部《おりべ》という戦国武将で茶人がいます。古田織部の「織部好み」と言われる茶器や茶碗は、異様にいびつだったり、アンバランスだったり、ひびが入ったり、一見失敗作のようなものが多いのですが、その奇矯《ききょう》さにもかかわらず、名だたる戦国武将は競うようにそれらを買い求めたと言われています。

〈龍安寺石庭の謎の魅力〉

日本の庭も左右非対称です。いびつです。

ベルサイユ宮殿やイギリスの庭園のような幾何学的で秩序だったシンメトリーな西欧の庭とは全く趣を異にします。

ドナルド・キーン氏は西欧の庭園のことを「日本人には、とても眼や心を休める場所とは見えまい。むしろ庭という名を借りた、厳密な数学的な証明かなにかのように見えるだろう」（前掲書）と評します。

日本を代表する庭として京都の龍安寺の石庭があります。

龍安寺は、室町幕府の守護大名で応仁の乱の東軍総帥《そうすい》でもあった細川勝元が創建した禅寺です。石庭は枯山水《かれさんすい》の方丈庭園で、幅25メートル、奥行10メートルほどの狭い空間に白砂が敷き詰められ、合計15個の大小の石が配置されています。

日本の庭園は、自然をぎゅっと小さく凝縮し、居ながらにして深山幽谷《しんざんゆうこく》の小宇宙を私たちに経験させてくれる場所です。なかでも枯山水の庭は、池や水を用いず、石や砂などにより山水の風景を表現する日本独特の庭園様式です。

見る者は、石と砂でできた枯れた世界に心の水を映します。心の中で広大な海原や滝の水しぶきを見ることができますし、川のせせらぎを聞くこともできます。

枯山水は、水の不在を契機にして、私たちに、「本当の自然の水以上の水の豊饒《ほうじょう》」を感じさせ、また狭小の中に「広大無辺」を見せてくれます。

この枯山水も、暗示から余情へと赴《おもむ》かせる日本文化が誇る装置の一つなのです。氏は龍安寺石庭の本質を見事に言い当てます。

> 西洋人の一観察者ですら、龍安寺石庭の十五個の石を日々観照することによって、システィナ礼拝堂の天井画を観照することからよりも、はるかに大きな喜びを得るのではなかろ

> うか、と。(中略) システィナ礼拝堂は、まことに壮麗きわまりない。しかしそれが私たちに要求するのは、ひたすら賞讃であり、参加ではないのだ。龍安寺の庭石は、形はいびつ、位置は不規則だが、この庭の創造に私たちの参加を許すことによって、私たちをもっと感動させるかもしれない。しかし(再び同じ言い方をすれば)それも、私たちの時代が、その芸術的表現においては、ミケランジェロの絵よりは龍安寺の石庭のほうに、より近づいているからであろう。(前掲書)

日本の美意識は、鑑賞者の「賞賛」よりも「参加」を促すところにその本質があるのです。

〈日本人の美意識③「簡潔」〉

龍安寺石庭の枯山水で見てきたように、日本の美意識は「簡潔」を旨にします。「Simple is best.」。枯山水には花壇《かだん》も生垣《いけがき》もない。ごろりとした石と無作為な砂だけ。彩色の騒々しさを避け、単色の潔いすがすがしさを好む。余計なものは削《そ》ぎ落とし、その分、「本質」が裸でむきだしになる……。ドナルド・キーン氏は日本の家について語ります。

> 人の住む家は簡素なほどよろしいという兼好法師の意見は、大抵の日本人に共有される意見となった。「おほくの工《たくみ》の心をつくしてみがきたて、唐《から》の、大和《やまと》の、めづらしく、えな

らぬ（すばらしい）調度（家具）どもならべおき、前栽《せんざい》（草木を植え込んだ庭）の草木まで心のまゝならず（あるがままでなく）作りなせるは、見る目もくるしく、いとわびし」
（『徒然草』第十段）。（前掲書）

簡素な建物といえば、千利休が作った茶室、待庵《たいあん》があります。

茶席の広さはわずか2畳の極小空間。千利休は、これ以上は削《けず》りようのないシンプルさの中に、美しさと緊張感を共存させたわび茶の世界を作った一流のアーティストです。

利休と秀吉には「朝顔の茶会」という有名な逸話があります。

利休の庭に朝顔が見事に咲いたので、利休は秀吉を自宅の茶会に誘いました。期待を胸に秀吉が出かけると、庭の朝顔はすべて切られており、一輪だけ茶室に朝顔が飾られていました。それを見た秀吉は怒るどころか利休の「もてなし」に大いに感嘆したという話です。

これも利休一流の「Simple is best.」でしょうか。

〈言葉の簡潔さ〉

言葉の世界でも日本人は簡潔の極致を目指します。

十七文字の俳句は世界一短い詩型です。俳句の中でも自由律にはもっと短い句があります。

尾崎放哉《おざきほうさい》の「咳《せき》をしても一人」。種田山頭火《たねださんとうか》の「音はしぐれか」。一番短いと言われている有名な句として、大橋裸木《らばく》の「陽へ病む」というものもあります。

外来語が日本語化するとき、ここにも日本的「簡潔化」の作用が働きます。

スマホ、コンビニ、リストラ、セクハラ、マザコン、イメチェンなどなど。

若者語も簡潔をよしとしています。「タピる」（タピオカドリンクを飲む）、「あね」（あー、あー、なるほどね）、「おつ」（お疲れ様）、「そま」（それ、まじ？）、「ちな」（ちなみに）、一番短いのは「り」（了解）です。

金田一春彦は「『どうも』は万能語」という話をしています。

「どうも」という言葉は「朝晩のあいさつ、会ったとき、別れるときの言葉、祝福からお悔み、ねぎらいからいやみまで、あらゆることに通用する」と指摘し、あるテレビ番組で「男と女が町かどで出会い、別れるまで、あいさつ・用談すべて『どうも』という言葉だけで押し通したのがあって評判になった」（『日本人の言語表現』金田一春彦　講談社現代新書）と報告しています。

李御寧も『「縮み」志向の日本人』（講談社学術文庫）という本の中で、日本の「どうも」を話題に取り上げ、日本人の言葉の節約家ぶりについて驚嘆してみせています。

〈シンプルは「目利き」を鍛える〉

単純な事物はそのシンプルさゆえに、それを見る者を必然的に目利《めき》きに仕立て上げると、ドナルド・キーン氏は考察します。

たとえば和食は、山海の自然の食材をできるだけ自然のまま生かすように調理し、味つけも西洋や中国と比べて極めて薄い。日本人は、魚の刺身など外国人にはほとんど区別がつかない微妙な風味の違いを言い当てます。

> 簡素さと天然自然を強調すれば、当然、物の質を見分ける目利きの力が問われるようになる。塗料の塗られていない白木の柱は、元の木の天然自然の質を暗示している。同様に一きれの生魚《なまざかな》は、ソースのたっぷりかかった焼き魚よりも、新鮮かどうかが分かり易い。能舞台においても、劇の上演にはつきものの目ざわりなもの――大道具小道具、照明その他――があまりないために、観客の注意は、すべて役者に集中する。その代り、目の利く観客は、役者の所作や声の調子の、ほんのわずかな違いを見分け、また聞き分けて、真に偉大な役者と、単に上手な役者との違いを、言い当てなければならない。(『日本人の美意識』ドナルド・キーン　金関寿夫訳　中公文庫)

白木の家、和食、能……。石と砂だけの枯山水と同じように、自然を極力生かし、シンプルで抽象的なこれらのものは、受け手にとって利用できる情報があまりにも少ないために、その単純さの中から微妙な陰影やおぼろげな差異を感じ取る目利き力、審美眼が私たち日本人の中で鍛えられてきたのです。

〈日本人の美意識④「ほろび易さ」〉

ドナルド・キーン氏は日本人の美意識の中で「ほろび易《やす》さ」を最も日本特有なものとして取り上げています。

日本人は滅びに美を感じるのを通り越して、「滅びなくして美はない」とまで思い詰めていると氏は分析しています。

日本人は、滅びにつながる「はかなさ」「あきらめ」「忘れ去られた古いもの」「弱々しいもの」「負け去るもの」が大好物です。

「負け去るもの」で言えば、「判官贔屓《ほうがんびいき》」という言葉があります。この言葉は源義経への同情や憐憫《れんびん》から転じて、弱い立場の者に肩入れする心情や態度という意味になっています。

氏は、西洋人が大理石で記念碑などを建てるのを好むのは「不滅への願望」「永遠への希求」があるからで、それに対して日本人は「ほろび」の到来を見越して建物を建ててきたと言います。

> 単純さと物事の天然自然を好む資質の彼方にあるものはなにか。それはおそらく日本人に最も特有な美的理想、「ほろび易さ」であろう。西洋人が一般的に希求して来たことは、

> 芸術的不滅を成就することであった。そのため西洋人は、ほろびることを知らぬ大理石で記念碑を建てて来たのだ。（前掲書）

「滅びの美学」は、日本の文芸・芸術全般に染み込んでいる無常観に支えられています。

『平家物語』と『方丈記』の冒頭部分は、無常観の代表的な表明として日本人で知らない人はいないと思います。何度も声に出して読んだ人もいるでしょう。日本人はこのような文章の音律が身体に刻み込まれていることにより、無常観が自然にすんなりと感じ取れるのです。

無常とは仏教の教義の中でも最も重要な概念で、この世の中の一切のものは常に生まれては死に死んでは生まれ、常に移り変わり、一時も同じ状態に留まらず、永遠不変のものはないという考え方です。

ギリシアの哲学者ヘラクレイトスも「万物は流転する」という無常につながる言葉を残していますが、東洋では無常が美意識としっかり結びついています。

> 昔から、その主題のなんたるかを問わず、歌の奥にある心は、しばしば美と愛のはかなさに対して注がれた悲しみの情であった。そのくせ日本人は、このほろびなくしては美もあり得ないということを、敏感に意識していたのである。兼好法師は書いている。「あだし野の露きゆる時なく、鳥部山《とりべやま》の烟《けぶり》立ちさらでのみ住みはつる習ひならば、いかに、ものの

あはれもなからん。世はさだめなきこそ、いみじけれ」(『徒然草』第七段)。世界中の文学に共通のテーマである人間存在の「さだめなさ」が、美を生みだすに必要な条件であることは、日本以外の文学では滅多に認められたことがない。日本人は、それを知っていただけではなく、そのはかなさが最もはっきり現われている様ざまな美への愛を表現して来たのである。(前掲書)

兼好法師は、「人間が不死であったなら、どんなにつまらないことだろう。死ぬと決まっているから素晴らしいのだ」と高々と宣言しているのです。**人間のさだめのない「はかなさ」が痺《しび》れるような美しさの感覚を導くのです**。

日本人は桜が大好きです。偉大な歌人たちは哀切をこめて桜をたくさん詠んできました。西行の「願はくは花の下にて春死なむその如月《きさらぎ》の望月《もちづき》の頃」、紀友則の「ひさかたの光のどけき春の日にしづ心なく花の散るらむ」などなど。

短い間に盛大にパッと咲き、惜しげもなくパッと散る、その短い命のけなげで潔いはかなさが日本人の心を魅了するのでしょう。

桜は日本人にとって「ほろび易さ」の象徴なのです。

第9章 美意識の巨匠たち

美的感覚追求者の5人

この章では日本人の美意識の基盤を作った偉大な5人の先人たちの教えに耳を傾けてみたいと思います。

彼らは日本の美的感覚の伝統を受け継ぎ（添って）、自ら体現してアレンジし（ずらして）、私たちの時代にまで伝えて（つなげて）くれています。

まずは中世から近世までの、能の世阿弥、茶の千利休、俳句の松尾芭蕉の3人。この3人はまさしく日本古典文化の王道の巨匠たちです。

3人の巨匠の次は、近現代の美の追求者、九鬼周造と坂口安吾です。

九鬼と安吾は三大巨匠の王道からは多少「ずれて」いるように思われますが、この「ずれ」こそ日本文化の雑種性の豊穣《ほうじょう》を表しています。

世阿弥

〈世阿弥の「初心」とは〉

幽玄の能を完成させた室町時代の能役者、能作者の世阿弥（１３６３〜１４４３）からです。

世阿弥といえば、「初心忘るべからず」がまず思い出されます。

最近では「初心忘るべからず」を「物事に慣れてくると、油断、慢心してしまうが、最初の頃の志《こころざし》の真剣さ、謙虚さを忘れてはならない」という意味として使われていますが、本当はもう少し複雑で奥深いものがあります。

世阿弥の後期の能論『花鏡《かきょう》』には次のような文章があります。

当流に、万能一徳《まんのういっとく》の一句あり。初心忘るべからず。この句、三箇条の口伝《くでん》あり。是非《ぜひ》の初心忘るべからず。時々《じじ》の初心忘るべからず。老後の初心忘るべからず。(『風姿花伝・花鏡』世阿弥　小西甚一編訳　タチバナ教養文庫　一部表記改変)

「是非の初心」とは「自分の芸が未熟で拙《つたな》いときに感じた良し悪しの判断基準を忘れずに、努力を続けて芸を向上させなさい」、「時々の初心」とは「その年齢年齢で、新しい芸に臨むとき、その段階においては人はいつでも初心者であり未熟であるので、そのことをよくわきまえるべきである」、「老後の初心」とは「老年期には老齢期に初めて挑むべき芸があり、老熟者といえどもそのときは初心者で拙いものなので油断してはいけない」という意味合いです。

つまり、**初心とは、初期の志ではなく「その時々、その年齢年齢で、新しい芸に向き合うときに必然的に生じる『未熟』という状態」という意味です。**

老齢になっても私たちは毎日のように乗り越えるべき新しいことに遭遇します。そのときは皆平等に初心者です。未熟の状態です。

未熟のことを「この年でまだ苦労して何かを克服していかなければならないのか」とネガティブに捉えずに、「未熟が自分を鍛えてくれる！　まだ自分には伸《の》び代《しろ》がある！」と考えるのが円熟期の大人の行動美学です。

〈「花」とは「めずらしさ」「面白さ」〉

世阿弥の「秘すれば花」という言葉も有名です。

「花」に関しては『風姿花伝《ふうしかでん》』に詳しく記されています。

『風姿花伝』とは、世阿弥が応永7年（１４００年）から約20年かけて、父観阿弥の教えを基に子孫への秘伝書として記した能楽の伝書です。

7歳より50歳頃まで年齢に応じた稽古の仕方を論じ、能の演技論、能の演出論、能の美学など多岐にわたって書かれた能楽論、演技論です。

さて、花とは何を表しているのでしょうか。

世阿弥は花という言葉を比喩として色々な意味に使っています。古来、花といえば桜ですが、世阿弥の花は四季折々の花のことです。

『風姿花伝』の「第七別紙口伝」で花について具体的に書かれています。

> そもそも、花といふに、万木千草において、四季折節に咲くものなれば、その時を得てめづらしきゆゑに、もてあそぶなり。申楽《さるがく》も、人の心にめづらしきと知る所、すなはち面白き心なり。花と、面白きと、めづらしきと、これ三つは同じ心なり。いづれの花か散らで残るべき。散るゆゑによりて、咲く頃あればめづらしきなり。能も、住する所なきを、まづ花と知るべし。住せずして、余の風体に移れば、めづらしきなり。(『風姿花伝・三道』世阿弥　竹本幹夫訳注　角川ソフィア文庫)

世阿弥は、「花」と「めずらしい」と「面白い」の3つは同じことだと述べています。花の精神とは「めずらしいから面白い」「面白いからめずらしい」ということです。

花とは、能という現実的な舞台芸能において、「めずらしい」とか「面白い」とか多種多様な観客に与える「印象」や「効果」のことを意味していました。

能は今でこそ観客の評判とか興行成績というような下世話《げせわ》な話題からは超越した幽玄で厳《おごそ》かで高尚な古典芸能と思われています。

しかし、当時、能の集団は、権力者などの目利きの観客に飽きられず、あるいは、たくさんのライバルとの競争に負けないように、必死に工夫を重ね、生き残りを賭《か》けた人気商売、エンターテイメント集団だったのです。

〈「花」の「無常観」と「意外性」〉

「花がめずらしいのは、花が四季折々に咲き、『その時を得て』いるからこそ、めずらしい」と世阿弥は言います。

巡《めぐ》る季節の中で年に一度、その時節を捉えて、その時節しか咲かない花があるということは、確かに現代人の私たちにとっても驚嘆すべきことではないでしょうか。

「万木千草《ばんぼくせんそう》」には造化《ぞうか》の真理が宿っており、花が花として咲くことは当たり前のようで、実は奇跡的でまさにめずらしいことなのです。そこに妙味（面白さ）があるのです。

北原白秋は「薔薇《ばら》二曲」という詩で、花が咲く不思議さをこう詠《うた》っています。

「薔薇ノ木ニ薔薇ノ花咲ク
　ナニゴトノ不思議ナケレド」

世阿弥は「どんな花でも、散らないで残り続ける花などない。散るから、咲く機会が訪れ、咲くから、散ることもできる。その奇跡がめずらしく、面白いのだ」と教えます。

また、世阿弥は、花のことを「住《じゅう》する所《ところ》なき」と言います。

花は、咲いたり散ったりを繰り返し、いっときも止まることなく同じ状態にはありません。すべては変化します。万木千草をはじめ、花は変化の世界、無常の世界に生きています。

世阿弥のいう「花＝めずらしい」の裏には無常観（「住する所なき」）の美学が隠れていることを理解する必要があります。

能も花と同じように「住する所なき」だからこそ、めずらしく、面白くなるのです。

世阿弥は続けて説いていきます。

「能も一つの所にとどまらず、変化し続けることが大切だ。その際、稽古で洗練され蓄積された豊富なレパートリーの数々を取り出して使うのだが、タイミングを見計らい、その時の世の中の状況、その時の観客の好みを見極める必要がある。

観客が夏の花の芸を見たいときに、春の花の芸しかもっていない者は『時の花』とはいえない。また、鬼の芸しかできない演者はそれがどんなに素晴らしい演技でも花ではない。

鬼以外の芸をやって幽玄の上手だと思わせたところに思いがけず鬼を出すと、観客はめずらしさゆえに面白くなる。これが花である」と。

花とは「めずらしい面白さ」のことですが、もっと具体的に言うと「意外性」（思いがけないこと）のことです。幽玄と思わせて鬼を出すことなのです。

〈「秘すれば花」の本当の意味〉

意外性を最大限効果的に発揮させるためにはどうしたらいいのでしょう。
ここで有名な言葉が出てきます。「秘すれば花」です。

秘する花を知る事。秘すれば花なり。秘せずは花なるべからずとなり。この分け目を知る事、肝要の花なり。そもそも、一切の事《じ》、諸道芸において、その家々に秘事と申すは、秘するによりて大用《たいよう》あるがゆゑなり。しかれば、秘事といふことをあらはせば、させる事にてもなきものなり。これを、「させる事にてもなし」と言ふ人は、いまだ秘事といふ事の大用を知らぬがゆゑなり。（中略）人の心に思ひも寄らぬ感を催す手立《てだて》、これ花なり。（前掲書）

（秘して隠すことが花になる、秘めずに見せてしまうと花にはならない。このことを十分理解する必要がある。あらゆる芸の分野では、その家の秘伝というものがあるが、それを秘することによって大きな効用がある。秘伝が人目にさらされると、それは秘密にするほどのものではなくなる。秘伝が明かされて「なんだ、どうってこともないものだな」という者もいるが、それは秘伝の本当の意味が分かっていない。（中略）人の心に意外性をもたらすのが花である）

世阿弥はさらに続けます。

「『めずらしさが花だ』という秘伝を観客が知ってしまったら、彼らは舞台でその『めずらしいもの』を『今来るか、今来るか』と期待して待ち受けてしまう。そんな状態でどんなにめずらしい芸を披露したところで、観客にはめずらしいという感興が湧かない。だから秘するのだ」と。

世阿弥は、秘伝の個々の内容（コンテンツ）そのものよりも、その内容を受け取るときの観客の置かれた「知らないという状況」（コンテクスト）の大切さに注目できる慧眼《けいがん》の人でした。

日本の美には、美しいからといって、これ見よがしに見せつけるのではなく、「秘する」ことによって生じる「意外性の美」というものがあるのです。

千利休

〈「わび」と「さび」〉

千利休（１５２２〜１５９１）は大阪堺の高名な商家に生まれ、当時の茶の湯の第一人者・武《たけ》野《の》紹鷗《じょうおう》の教えを直接受け、紹鷗の師匠・村田珠光《じゅこう》が発案したわび茶を完成させました。

「わび」とは、「わびしい」の辞書的な意味である「もの静かでさびしい。心が慰《なぐさ》められなく、心細い。貧しくて、あわれで、みすぼらしい」などに通じ、一見ネガティブな言葉です。しかし、日本人の美意識はそれを逆手に取り、「わび」に美と満足を見出し、育て、美の一つの理想型を打ち立てました。

何かが不在でさびしい、何かが欠落し、完全でないので心細い、何でも思い通りにいかず、悶々《もんもん》とする。何かがもの足りない……。そのようなマイナスの状況や心情こそ、逆説的に、精神の充実と楽しみを約束してくれると日本人は考えたのです。

「さび」も同様です。

「さび」とは「さびしい」や「錆《さび》」に通じ、その動詞形「さぶ」は「生気がない」「劣化する」という意味で、「わび」と同じようにネガティブな概念です。

「さび」の概念も私たちの祖先はポジティブな方向に見事に「転回」させたのです。

最近は「わび」と「さび」を一緒にして「わび・さび」と言いならわしていますので、ここでもそれに則《のっと》ります。

「わび・さび」を一つにまとめると「不在・欠落・不足・不完全・不自由の中に満足と美を見出そうとする意識」と言えそうです。

何もない状態、あるいは何か欠けた状態のものを「閑寂《かんじゃく》」「質素」として淡々と受け入れ、それらを美しいものや奥深いものや豊かなものとして感じるという美的姿勢です。

「わび・さび」は万葉の時代から和歌や物語などの形で偉大な先達たちに育まれ、伝えられてきた日本の美意識の源泉です。

和歌の代表でいえば、先述した幽玄の極致、藤原定家の「見わたせば花も紅葉《もみじ》もなかりけり浦のとまやの秋の夕ぐれ」を思い出します。

「ない」(不在)ことを、美しく、奥深く、豊かだと詠いあげているのです。

千利休の革命的な偉大さは、文芸や芸能としての「わび・さび」を、「わび茶」という形で、茶器などの具体的な「もの」と、茶会という現実的な「もてなし」(サービス)の二つに昇華し、結実させたことでした。

〈「わび」の精神〉

武者小路千家《むしゃのこうじせんけ》・十五代次期家元の千宗屋《せんそうおく》氏の著書『茶　利休と今をつなぐ』(千宗屋　新潮新書)では次のようなくだりがあります。

大徳寺長老の立花大亀《たちばなだいき》大師から伺《うかが》ったお話があり、それは、もてなしの際、相手のために自分ができる精一杯のことをして差し上げるのだけれども、その精一杯にも物理的に限りがある、それをごめんなさいとお詫《わ》びする、そのお詫びの気持ちの現れが「侘《わ》び」だという内容です。

千宗屋氏は、この「侘び＝自分にできる精一杯の不完全感への思い」について考えるとき、利休の孫、宗旦《そうたん》のあるエピソードを思い出すと言います。

宗旦は茶人として誰にも仕官することなく清貧を貫いていましたが、その名声は世に轟《とどろ》いていました。

あるとき、淀《よど》城の城主永井《ながい》尚政《なおまさ》が宗旦を茶事に招きました。当時の大名が行なう茶事ならば豪華な膳《ぜん》を連ねるのが当たり前でしたが、尚政が用意したのは一汁二菜の簡素なものでした。

宗旦はそれに異議を唱えました。茶の湯とは、そのときの自分ができる精一杯のもてなしの誠《まこと》を尽くすもので、形ばかり質素にしてみせるのではなく、大名なら大名なりの身丈《みたけ》に合った誠意があるはずだ、わび茶の本質が分かっていないと批判したのです。

宗屋氏は宗旦に続けて秀吉の例を出します。

キンキラキンの黄金の茶室を作り、風流人たちにはあまり評判がよろしくない豊臣秀吉の茶の湯に対する「思想」を考えると、時の天下人として自らのある限りのすべてを出し尽くしているという意味では、黄金の茶室も秀吉なりの「侘び」ではないかと考察しています。（『茶利休と今をつなぐ』千宗屋　新潮新書）

「貧富貴賤《ひんぷきせん》にかかわらず、そのときの自分の身丈に合ったもてなしを精一杯したうえで、それでも誠意を尽くし切れていないという思いが残る」という「わび」の一つの考え方には日本人の謙譲の美徳がにじみ出ています。

〈もののわび・さび〉

茶道具の名品を「名物《めいぶつ》」と称します。

利休は過去の名茶器を研究し、独自の審美眼を養いました。独自の審美眼、鑑識眼を持っている人を「目利き」といいます。利休は、まずは世間で評価が定まった名品という伝統に「添って」、目利きになったのです。

茶の湯におけるわびという考えは利休オリジナルなものではなく、二代にわたる師、村田珠光、武野紹鷗からの伝統を受け継ぎ、膨大な努力と工夫を加えて完成させたものです。

いずれにしろ、全くの0からではありません。さすがの天才・利休にしても、「添いつつ、ずらす」という創造の黄金律は順守したのです。

名物と言われる茶碗には、ゆがんでいたり、いびつだったりするものがあります。そのように少し不完全なところにわびがあると利休は言います。茶釜などは口が大きすぎて使いにくいというもののほうが「わびている」わけです。

わびもさびも、要するに人間が作った価値観ですから、もちろん絶対的なことではありません。

西洋には「均斉、完全、豊潤、豪華」など、わび・さびとは正反対の美的価値観があります。どちらが正解ということはありません。

利休は「目利き」として、茶にまつわる美的感覚の本質を「わびだ！」と「言い定めた」ことにより、「わび」を確かな美的価値観として日本人の心と日本文化に定着させたのです。「目利き」が「これだ！」と「言い定める」「宣言する」ことがポイントです。

〈作為を嫌う〉

利休のわびは「作為」を嫌いました。「不作為」を旨《むね》とせよと諭《さと》します。一方で、利休は「創意工夫しなさい」と教えます。

利休は、いかにも作り物のような、人の手を入れた痕跡《こんせき》が見える作為を戒《いまし》めました。しかし、芸術の世界で作為の否定はそのまま芸術行動自体の否定となり、矛盾を引き起こします。芸術上の創意工夫とはすでに作為そのものだからです。

利休の教える「**不作為なように行為せよ**」は矛盾していますが、利休はその矛盾は百も承知です。利休は「花は野にあるように活《い》けなさい」とも言っていますが、その不可能性は本人が一番知っています。花を活けることは作為的な行為で、野にあるように自然な状態にはけっしてならないからです。

利休が目指す作為は「見えない作為」のことです。

利休は、創意工夫の努力によって見えない作為を目指し、作為と不作為の矛盾を乗り越えなさいと教え導いているのです。

日本の文化では、矛盾は打破したり、解消したりする対象ではなく、寄り添いながら、乗り越えるものです。矛盾を乗り越える道程こそが、芸術や人生の妙味といっても過言ではありません。

日本の美的行為は「不在、不足、不完全」から「存在、満足、完全」以上の「存在、満足、完全」を生み出そうとする矛盾的行為です。

日本の美的感覚は、わび・さびを通して「矛盾と戯《たわむ》れるほど面白い遊びはない」と私たちに語りかけてくるのです。

〈「もてなし」という芸術〉

利休の偉大なところはたくさんありますが、特筆すべきは、わびというキーワードを使って、日常的な「もてなし」のプロセスを芸術の域まで引き上げたことです。

もてなしとは、通常、人を招いて一緒にお茶を飲んだり、ごはんを食べたりして気持ちよく帰ってもらうということですが、利休はそこに美的な「ルール」(作法)と心憎い「工夫」という概念を持ち込みました。

「添いつつ、ずらす」原理で言うと、「ルール」とはまずは「添う」ための基本路線です。「工夫」とはその路線から「ずらす」行為のことを指しています。まさに利休の言葉、「規矩《きく》作法　守り尽くして破るとも離るるとても本を忘るな」(守破離《しゅはり》)の精神です。

利休は「もてなし」にあたって「工夫」にこだわります。

利休にとって、工夫は一回一回違うものでなければなりません。全部同じ作法どおりルールどおりでは堅苦しくて具合が悪い。そこで一期一会《いちごいちえ》の工夫が必要だ。しかし、奇をてらった、これみよがしの工夫も醜悪だ。その「矛盾」を超えなければならないのです。

利休はわび茶の姿を「市中の山居」だと称し、街中の喧噪《けんそう》の中にあっても、茶席に招かれた人には、ポツンとある山の一軒家に招かれたときのような閑寂《かんじゃく》な憩《いこ》いの感覚を持ってほしいと、もてなしに色々な工夫を重ねました。

今でこそ当たり前になっているのですが、露地《ろじ》に砂利《じゃり》を敷くのも、茶室の狭い入口の「にじり口」も、節のある茶杓《ちゃしゃく》も、最初は利休のほとんど遊び心から出てきた「工夫」でした。鼠《ねずみ》色や茶色、薄浅黄《うすあさぎ》色など茶室おなじみのくすんだ色も、利休の好んだ色を当初工夫したものが今や一つの様式として定着したものです。

ルールや作法は誰もが従うべき決め事なので、招かれた人に一種の緊張感を感じさせます。

一方、工夫は招かれた人に応じてカスタマイズされているので、リラックス感を与えてくれます。

相反する「緊張とリラックス」を融合させるところが、茶の湯の美学、ひいては日本の美的感覚ではないでしょうか。

松尾芭蕉

〈『おくのほそ道』が生んだ「不易流行」と「かるみ」〉

俳聖・松尾芭蕉（1644～1694）は伊賀上野で生まれ、京都で北村季吟《きぎん》に貞門《ていもん》派の俳《はい》諧《かい》を学び、江戸に下って談林《だんりん》派の感化を受けました。諧謔《かいぎゃく》味のある貞門派、談林派の俳諧に飽き足らず、数度の旅を通して芸術性の高い蕉風《しょうふう》を確立・発展させました。

弟子の曾良《そら》と一緒に行った「おくのほそ道」の旅の体験から「不易流行《ふえきりゅうこう》」の理念を確立し、晩年は「かるみ」（軽み。「かろみ」とも言う）の境地に達しました。

不易流行の「不易」とは時が流れても変わらないもの、普遍的なもの、「流行」とは新しいものが次々と現れ、時とともに変わることを指します。

現代では、不易流行の概念はビジネスの世界にも応用され、「不易」＝「変えてはいけないもの」（企業理念など）、「流行」＝「どんどん変えていくべきこと」（事業内容・商品など）に言いかえられています。

そのような「不易流行」に対する現代的な解釈は、当面の現実に役に立つのであればそれはそれでいいと思いますが、芭蕉が提唱している不易流行の本意は少し趣《おもむき》が違います。

芭蕉は「おくのほそ道」の旅が終わると、弟子の去来《きょらい》に不易流行を伝授しました。

芭蕉は「不易」と「流行」を分けて教えていますが、すぐに「その元一ツなり」と釘を刺しています。現代でも「不易流行」を二項対立的に捉えていますが、芭蕉は「不易」と「流行」は一つのものだと強調します。

俳人の長谷川櫂氏は『「奥の細道」をよむ』の中で次のように説明します。

> ここで去来は、不易、流行と分けていうけれど、「其元は一つ也」という。ところが、この不易と流行は対立する別個のものと勘違いされてきた。不易は永遠不変のもの、流行は刻々と変わるもの。ならば、流行は軽薄であるから不易の句を詠まなくてはならないとか、不易は活気に乏しいから流行の句のほうがいいとか、まるで不易の句、流行の句というものがあるかのように。このような誤解を生む原因の一つは、不易、流行という言葉自体が何やら対立し合うもの同士のような印象を与えるところにある。（『「奥の細道」をよむ』
> 長谷川櫂　ちくま新書）

〈「流行」と「不易」は一体〉

そこで長谷川櫂氏は「不易流行とは何か」という自らの問いに対して、「それは芭蕉の宇宙観である」と答えます。

人間の世界を微視的に見ると、短い時の流れの中でちっぽけな一人ひとりの人間は生まれて、老いて、病を得て、そして死んでゆきます。そう見ると宇宙は変転極まりない流行の世界です。

しかし、人間の世界を巨視的に宇宙のスケールから見ると、悠久の時の流れの中で無数の生死を永遠に繰り返しながら、生物レベルでは連綿と子孫を残し続け、細胞レベルでは遺伝子を永久的に残していきます。そこには人類総体としての永遠不滅の相が見えてきます。

花も太陽も月も森羅万象すべて人間と同様です。これはまさに流行にして不易の世界です。

流行と不易は一体です。宇宙は流行と不易の二面性でできているのです。

長谷川櫂氏は、芭蕉の「不易流行」の宇宙観が現れてくるのは、『おくのほそ道』の旅の後半、出羽と越後で詠んだ次の句だと考えます。

閑《しづか》さや岩にしみ入蝉《いるせみ》の声（立石寺《りつしやくじ》）
涼しさやほの三《み》か月《づき》の羽黒山（羽黒山）
雲の峰幾《いく》つ崩《くづれ》て月の山（月山）
暑き日を海にいれたり最上川《もがみがわ》（酒田）
文月《ふみづき》や六日《むいか》も常の夜には似ず（直江津）
荒海《あらうみ》や佐渡《さど》によこたふ天河《あまのがわ》（出雲崎《いずもざき》）

芭蕉は立石寺で宇宙の静けさに気づき、羽黒山、月山では月を、酒田では太陽を、越後の海岸ではきらめく銀河と出会った。宇宙をめぐる天体と向き合いながら、変転きわまりないと見えるこの世界も実は永遠不変であることに気づいたのだ。たえず流れ、移ろいながら、何一つ変わらない。人も花鳥も天体も、みなこの不易なるものが流行する姿なのだ。去来たちが伝える、俳句には不易の句、流行の句があって「其元は一つ」であるという俳句論はこの宇宙観、人生観の上に立って初めて納得できる。（前掲書）

〈「かるみ」は芭蕉の最終的な人生観〉

長谷川櫂氏は、不易流行は芭蕉にとって宇宙観だけでなく、人生観でもあると考えます。**その人生観は、宇宙は変化（流行）しながら不変（不易）であり、同時に、不変でありながら変化しているという宇宙観の上に立っています。**

そのような不易流行の宇宙の中をどのように生きていけばいいのか。その大問題に対する芭蕉の答えが「かるみ」だと長谷川櫂氏は考察します。

「かるみ」という発想は「おくのほそ道」の旅の最終局面で生まれてきます。旅の最終の旅程は市振《いちぶり》の関から最終地点の大垣までで、そこで芭蕉は幾多の別れを経験します。

金沢では俳人の一笑《いっしょう》との別れがありました。この旅で芭蕉は一笑と初めて会うことを大変楽しみにしていましたが、前年の冬、一笑はわずか36歳で亡くなっており、初盆の法要に招かれて墓前での別れでした。一度も会っていないうちに別れてしまったのです。

塚《つか》も動け我泣《わがなく》声は秋の風

芭蕉は一笑のために、墓の塚が動くほどの大泣きに泣いたというのです。

温泉町の山中では同行人の曾良とも別れなければなりませんでした。曾良が腹をこわし、伊勢の国まで先に発つことになったのです。医療も未発達で交通事情も悪い江戸時代のことですから、このような形の別れは今生《こんじょう》の別れになる可能性があります。

今日《けふ》よりや書付《かきつけ》消《け》さん笠《かさ》の露

今日から私は君と別れて一人旅するのだから、笠に書いた「同行二人《どうぎょうににん》」の文字を消しましょうという意味です。

越前松岡の天竜寺では、門人の北枝《ほくし》と別れます。実は北支は、芭蕉と曾良が金沢を出たときから一緒についてきていたのです。その北枝とも別れてしまいます。

物書《かき》て扇引《ひき》さく余波《なごり》哉

この句を扇に書いて二つに引き裂き、お互いに形見として持っておこうという別れの句です。このようにして芭蕉は出会いと別れを繰り返していきます。出会いと別れを繰り返す悲しみと苦しみに満ちたこの世界を人はどのように生きていけばいいか、芭蕉は旅を通して考え続けます。そして、たどり着いた答えが「かるみ」でした。長谷川櫂氏はこう続けます。

「かるみ」とは一言でいえば悲惨な世界を軽々と生きてゆくということです。すでにみたとおり芭蕉は第三部の旅で不易流行という考え方にたどり着きました。不易流行とは宇宙はたえず変化（流行）しながら、じつは不変（不易）であるという宇宙観でした。それは同時に自然観でもあり人生観でもあります。時の流れとともに花や鳥も移ろい、人も生まれて死んでゆく。その花や鳥や人もまた不易なるものが時とともに流行する姿なのです。「かるみ」とはこの不易流行という認識の上に立った人生の生き方、つまり行動論なのです。人の世が出会いと別れを繰り返しながら、そのじつ何ひとつ変わらないのであれば、出会いや別れに一喜一憂することなく、不易に立って流行を楽しみながら軽々と生きていきたいという芭蕉の願いなのです。（『１００分de名著ブックス　松尾芭蕉　おくのほそ道』長

谷川櫂　ＮＨＫ出版）

このかるみは誤解されやすい言葉です。

俳句を作る上で、「重い句」より「軽い句」を面白がったり、言葉を軽く使えばいいと勘違いされがちです。

しかし、そうではありません。かるみとは、その人の生き方を表す行動指針なのです。

「不易即流行、流行即不易」という不易流行の原理を踏まえて、様々な別れと悲しみが満ちている重い現実を嘆かず、上機嫌で軽々と生きることがかるみの真髄なのです。

かるみが句に表れるのは最後の大垣のくだりです。芭蕉が船で伊勢の二見が浦に行く前に、別れを告げに来た門弟たちに向けた句です。

皆と別れるのは蛤《はまぐり》の身が二つに裂かれるようにつらいと詠んでいます。重い内容を軽妙な言葉で彩っています。「かるみ」の実現です。

蛤《はまぐり》のふたみにわかれ行《ゆく》秋ぞ

変化と不変が渦巻く定めなき世の中（不易流行）であるならば、かるみという「上機嫌力」を武器に、人生という旅の道を一歩一歩踏みしめていこうと覚悟を決めたのが、芭蕉の生き方の美学でした。

九鬼周造

〈「いき」の構造〉

哲学者の九鬼周造《くきしゅうぞう》（1888〜1941）は、8年間ヨーロッパ諸国でベルクソンやハイデガーなどの哲学者から西洋哲学を学びました。

西洋哲学は伝統的に「同一性」（アイデンティティ）を希求する学問です。九鬼は、そのような西洋哲学では、自らの生い立ちから由来する日本的情趣の微妙な差異は説明できないと感じ、帰国後、独自の視点で『「いき」の構造』（1930年発行）を発表しました。

「いき」は九鬼にとって海外には例がない日本民族固有の精神性の象徴でした。

九鬼の「いき」は異性関係を前提としています。

その異性とは芸者や遊女など花柳界《かりゅうかい》の女性のことを指し、一般家庭の婦女子ではありません。普通の恋人関係や夫婦関係ではなく、初めから「道ならぬ仲」として運命づけられている男女ののっぴきならない関係を対象としました。

「いきな深川　いなせな神田　人の悪いは麹町《こうじまち》」という言葉の中にある「いきな深川」とは江戸時代の花街のことです。

九鬼は「いき」を「媚態《びたい》」「意気地《いきじ》」「諦《あきら》め」の三つの要素に分けます。

媚態とは、色っぽく、なまめかしく相手にこびる様子のことですが、九鬼は媚態を次のように説明しています。

> 媚態とは、一元的の自己が自己に対して異性を措定《そてい》し、自己と異性との間に可能的関係を構成する二元的態度である。そうして「いき」のうちに見られる「なまめかしさ」「つやっぽさ」「色気」などは、すべてこの二元的可能性を基礎とする緊張にほかならない。(『「いき」の構造』九鬼周造　岩波文庫)

九鬼は媚態のことを「二元的」としています。

二元的ということは、すでに媚態の中に「対立」「矛盾」「行き違い」「亀裂」などネガティブな空気をはらんでいることを予感させます。その予感は「いき」の2番目の要素、意気地の出現でしっかり現実になります。

意気地とは意地のことです。意地とは「意地を張る」「意地になる」というように、自分の不利をかえりみず、無理にでも自分の主張を通そうとする姿勢です。

意気地とは「反骨」「反抗」や「やせ我慢」にも通底します。武士の意気地なら「武士は食わねど高楊枝《たかようじ》」でしょう。江戸っ子の意気地では「宵越《よいご》しの金は持たない」でしょう。

〈「いき」とは「媚態」「意気地」「諦め」〉

媚態とは二元性をはらんでいるとはいえ、表面上は相手を恋い慕い少しでも相手に近づきたいと思うプラスの感情です。一方、意気地とは、相手に対してなぜかどうしようもなく反発してしまうマイナスの感情です。

媚態に意気地の要素が重なっていくと、媚態にあらかじめ潜在的に備わっていた二元性がよりいっそう活性化し、顕著に露呈してきます。

男と女は、お互いに相手のことを恋焦《こいこ》がれ、一つになりたいのだけれども（媚態）、同時に相手に対して抑制が働き、意に反して反発をしてしまう（意気地）という二進《にっち》も三進《さっち》もいかない二律背反の事態に陥ってしまいます。

そのときの処方箋《しょほうせん》として九鬼が持ってきたのが「いき」の三番目の要素、「諦め」でした。

二進も三進もいかない状態のとき、たとえば、あまりにも二人が真剣になりすぎて、その場が未練《みれん》たっぷりの愁嘆場《しゅうたんば》になるとしたら、それはあまりにも醜《みにく》く、あか抜けず、野暮で、つまり「いき」ではない。そこで「諦め」が登場するわけです。

二人の恋が世間並に成就できないことは初めから分かっていながら、それでも惹《ひ》かれ合い、最後は離れ離れになる運命を淡々と受け入れ、諦める……。男女の恋はとどのつまり常ならぬものですが、苦界《くがい》の恋はよりいっそう深くて暗い無常観の深淵を男と女に見せつけます。

諦めるとは仏教用語でいうと諦念《ていねん》です。諦念とは、ある意味、悟りのことで、潔くさっぱりとした、禁欲的で恬淡《てんたん》とした日本的な美意識でもあります。

お互いに強く惹かれ合いながら、反発し合う。そして、最後に諦める。それが「いき」ということです。

九鬼は「いき」の定義を「垢抜《あかぬけ》して（諦め）、張《はり》のある（意気地）、色っぽさ（媚態）」としています。

九鬼は縦縞《たてじま》を「いき」な模様だと言います。

縦縞は、縞の線がどこまでいっても交わりそうで交わりません。九鬼は縦縞のことを、惹かれながらも、潔い諦めを以《もっ》て距離を保っている男女の緊張をはらんだ関係に見立てたのかもしれません。

〈少し着崩すのが「いき」〉

九鬼は女性の身体的所作や装いの中にも媚態（いき）の二元性を見出します。

媚態（いき）であるためには、異性に向かう身体的姿勢の中に、アクセルとブレーキを同時に踏んでいるような、対立的なもどかしさ、やるせなさが必要です。

着るものでは「薄いものを身にまとうこと」。肌が薄ぼんやり透けて見える薄いもの（今でいうシースルー）は、異性の肌への視線（通路）の開放であり、同時に遮断《しゃだん》でもあります。

腰は「柳腰《やなぎごし》」。それには肉の弱々しさと霊的なるものが同居しています。

目は「流し目（上目、伏し目）」。その動きの中に軽やかな諦めと凛《りん》とした張りが漂《ただよ》っています。

着こなしは「少し着崩《きくず》す」。一元的に平衡していたものを軽く破ることで、相手に向かう能動性と相手を受け入れる受動性を表現します。

足は「素足《すあし》」。衣服に包まれた全身に対して、そこだけを露出させ、ほころびを作り、肌への通路を連想させます。

最近ではツンデレという男女間のコミュニケーションの形があります。ツンデレとは、ツンツンする無愛想で敵対的な態度と、人が見ていないところでデレデレするしまりのない好意的な態度の二面性のことを言います。

ツンデレは、異性への「能動性」と「受動性」の入れ替わりという一見媚態に似た二元性はありますが、歯を食いしばるような意気地と、悟りにも似た諦めの情緒性は皆無です。

ですからツンデレは「いき」ではありません。

ツンデレはともかく、日本人は雲がかかった月や散りかけた桜が好きなように、男女関係においても、亀裂や破滅を予感させる「二元性」をあえて設定し、どこまで行ってもけっして成就しない恋という「不完全性」「不可能性」に魅力を感じる民族です。

男女の仲にも破滅の匂《にお》いを嗅《か》ぎ取りたがる「滅びの美学」の愛好者なのです。

坂口安吾

〈欺瞞的な伝統主義者に鉄拳を〉

この「美意識の巨匠たち」の章の最後に無頼派と呼ばれた作家の坂口安吾（1906〜1955）に登場していただきます。

なぜ最後に坂口安吾かと申しますと、今まで色々述べてきた伝統的と言われている「わび」「さび」「幽玄」「いき」「暗示性」「間接性」「曖昧《あいまい》性」「簡潔性」などの**教科書的・優等生的な日本文化観で飽和状態になった私たちの頭を、いったん冷却し、客観化・相対化・解体するには、坂口安吾の無頼的ですが的《まと》を射た美意識が最適だからです。**

安吾に『日本文化私観』（1942年）という作品があります。そこでは欺瞞《ぎまん》的で妄信《もうしん》的な伝統崇拝者に対する痛烈な批判が炸裂《さくれつ》しています。

安吾は冒頭でいきなりドイツ人の建築家ブルーノ・タウトの美的感覚を槍玉《やりだま》にあげます。タウトは日光東照宮のような建築物は装飾過多、俗悪、グロテスクとして退け、一方、桂離宮や伊勢神宮などのシンプルで清潔な構造美を日本文化の真髄であると称揚しました。

安吾はそれに対して早速《さっそく》噛《か》みつきます。

> 僕は日本の古代文化に就《つ》いて殆《ほとん》ど知識を持っていない。ブルーノ・タウトが絶讃する桂離宮も見たことがなく、玉泉《ぎょくせん》も大雅堂《たいがどう》も竹田《ちくでん》も鉄斎も知らないのである。況《いわん》や、秦蔵六《はたぞうろく》だの竹源斎師など名前すら聞いたことがなく、第一、めったに旅行することがないので、祖国のあの町この村も、風俗も、山河も知らないのだ。タウトによれば日本に於《お》ける最も俗悪な都市だという新潟市に僕は生れ、彼の蔑《さげす》み嫌うところの上野から銀座への街、ネオン・サインを僕は愛す。茶の湯の法式など全然知らない代りには、猥《みだ》りに酔い痴《し》れることをのみ知り、孤独の家居にいて、床《とこ》の間《ま》などというものに一顧を与えたこともない。けれども、そのような僕の生活が、祖国の光輝ある古代文化の伝統を見失ったという理由で、貧困なものだとは考えていない。(『堕落論・日本文化私観』坂口安吾　岩波文庫)

安吾は、日本の「輝かしい」伝統文化と、自分の「リアルな」生活を対比します。外国人が定型的、紋切り型に絶賛する日本の伝統文化を自分が見失ったからといって、それは生活人としての「貧困」には当たらないと論じます。続けて安吾は語ります。

> タウトが日本を発見し、その伝統の美を発見したことと、我々が日本の伝統を見失いながら、しかも現に日本人であることとの間には、タウトが全然思いもよらぬ距《へだた》りがあった。

> 即《すなわ》ち、タウトは日本を発見しなければならなかったが、我々は日本を発見するまでもなく、現に日本人なのだ。我々は古代文化を見失っているかも知れぬが、日本を見失う筈はない。日本精神とは何ぞや、そういうことを我々自身が論じる必要はないのである。説明づけられた精神から日本が生れる筈もなく、又、日本精神というものが説明づけられる筈もない。日本人の生活が健康でありさえすれば、日本そのものが健康だ。（前掲書）

「タウトが賛美する伝統的日本文化は、単なる観念的な思い込みや異国趣味的な錯覚にすぎず、日本人が現実の中で生きていくのに必要なものとはまったく関係がない。美とか伝統とか頭の中で無限に捏造《ねつぞう》できるものは、生きるために不可欠でないもので、なくてもかまわないのである」と安吾は断言します。

安吾の名誉のためにも、彼がタウトに悪態《あくたい》をつくのがただの伊達《だて》や酔狂《すいきょう》ではないことを説明するために、当時の歴史的文脈を確認しておく必要があります。

安吾はけっしてタウト憎《にく》しではなく、当時、タウトの論を盾《たて》にして世論操作に小賢《こざか》しく立ち回る国粋主義者とそれを後押しする当局や、外国人の評価を無反省にありがたがる欧米コンプレックスの伝統崇拝者に鉄槌《てっつい》をくらわせたのです。

続いて安吾は龍安寺の石庭を一刀両断にし、続いて茶室を標的にします。

〈簡素も豪奢も同じ穴のむじな〉

茶室は簡素を以《もっ》て本領とする。然しながら、無きに如《し》かざる精神の所産ではないのである。無きに如かざるの精神にとっては、特に払われた一切の注意が、不潔であり、饒舌《じょうぜつ》である。床の間が如何に自然の素朴さを装うにしても、そのために支払われた注意が、すでに、無きに如かざるの物である。無きに如かざるの精神にとっては、簡素なる茶室も日光の東照宮も、共に同一の「有」の所産であり、詮《せん》ずれば同じ穴の狢《むじな》なのである。(中略)簡素なるものも豪華なるものも共に俗悪であるとすれば、俗悪を否定せんとして尚《なお》俗悪たらざるを得ぬ惨《みじ》めさよりも、俗悪ならんとして俗悪である闊達自在《かったつじざい》さがむしろ取柄だ。(前掲書)

「無きに如かざる」とは「ないのが最高」というほどの意味です。

「ないのが最高」という立場からは、簡素な茶室も豪奢な日光東照宮も人間の意図や作為(「注意」)から生まれた「わざとらしさ」の産物という点で、どっちもどっちだ。

簡素なものが高級・高尚・上品で、華美豪華なものが低級・俗悪・下品という区別はない。

高級・高尚・上品を目指して、俗悪にならざるをえない屈辱よりも「低級・俗悪・下品で上等だ」と居直って、俗悪でいるほうが自由で潔い。

そのように安吾は身も蓋《ふた》もなく言い放ちます。

そして、安吾は、タウトが嫌う豊臣秀吉の物的で俗悪な豪奢と、金銭にものを言わせた人工の力に称賛を送ります。

俗悪な豪奢と人工の力の発揮こそ、人間の本来的で本能的な欲望の誠実な発露ではないかと秀吉を通して語ります。

安吾一流の「俗悪主義」は単なる子供じみた偽悪や反骨、反権力の表れではありませんでした。

そこには彼一流の美意識があったのです。

安吾はあるとき、何の美的装飾もないコンクリートの塊《かたまり》というべき小菅《こすげ》刑務所になぜか魅かれます。また、堂々たる大建築の聖路加《せいろか》病院の近所にある何の変哲もない構えの貧弱な小さなドライアイス工場に引きつけられます。あるいは、旅先の港に停泊していた「謙虚な」駆逐艦に魅了されます。

この3つには「直接心に突当り、はらわたに食込んで」「僕の郷愁をゆりうごかす逞《たくま》しい美感」があったと語っています。安吾はこの3つの不思議な魅力について考察します。

〈美は「必要」にあり〉

この三つのものが、なぜ、かくも美しいか。ここには、美しくするために加工した美しさ

> が、一切ない。美というものの立場から附加《つけくわ》えた一本の柱も鋼鉄もなく、美しくないという理由によって取去った一本の柱も鋼鉄もない。ただ、必要なもののみが、必要な場所に置かれた。そうして、不要なる物はすべて除かれ、必要のみが要求する独自の形が出来上っているのである。それは、それ自身に似る外《ほか》には、他の何物にも似ていない形である。必要によって柱は遠慮なく歪《ゆが》められ、鋼鉄はデコボコに張りめぐらされ、レールは突然頭上から飛出してくる。すべては、ただ、必要ということだ。そのほかのどのような旧来の観念も、この必要のやむべからざる生成をはばむ力とは成り得なかった。そうして、ここに、何物にも似ない三つのものが出来上ったのである。(前掲書)

安吾は、「必要」以外のものが削《そ》ぎ落とされて「必要」だけが残ったものが「美しい」と主張します。それは、誰にも似ていなく、自分だけに似てくる。

どうしても欠くことのできない、のっぴきならない「必要」だけが美しさを作り出す。それは「やむべからざる実質」と言いかえてもいい。

「必要」と「実質」の美は、自分の文芸活動、芸術活動にも当てはまると語ります。

美しく見せるための美は本物ではなく、ただの空虚だ。詩も歌も「必要」から出てきたものは本物だ。やむにやまれず詩になったものは美しい……。そして、最後に安吾は宣言します。

法隆寺も平等院も焼けてしまって一向に困らぬ。必要ならば、法隆寺をとりこわして停車場をつくるがいい。我が民族の光輝ある文化や伝統は、そのことによって決して亡びはしないのである。武蔵野《むさしの》の静かな落日はなくなったが、累々たるバラックの屋根に夕陽《ゆうひ》が落ち、埃《ほこり》のために晴れた日も曇り、月夜の景観に代ってネオン・サインが光っている。ここに我々の実際の生活が魂を下している限り、これが美しくなくて、何であろうか。見給え、空には飛行機がとび、海には鋼鉄が走り、高架線を電車が轟々《ごうごう》と駈《か》けて行く。我々の生活が健康である限り、西洋風の安直なバラックを模倣して得々としても、我々の文化は健康だ。我々の伝統も健康だ。必要ならば公園をひっくり返して菜園にせよ。それが真に必要ならば、必ずそこにも真の美が生れる。そこに真実の生活があるからだ。そうして、真に生活する限り、猿真似を羞《はじ》ることはないのである。それが真実の生活である限り、猿真似にも、独創と同一の優越があるのである。(前掲書)

安吾は、「シンプルはゴージャスより偉い」という「枯淡主義」、「芸術家は生活者より偉い」という「特権主義」、「美のための美はかっこいい」という「芸術至上主義」などの欺瞞《ぎまん》性に対して怒りを以て警鐘《けいしょう》を鳴らします。

文化や伝統の上にあぐらをかき、その権威の虎の威を借り、上から目線で見下してくる輩《やから》に猛烈に反発します。乙《おつ》に澄ました聖人・教祖ぶった偽善文化人を容赦なく告発します。

生活にちゃんと根差し、余計なものを削ぎ落として残った「やむにやまれない必要・実質＝人間の本質＝肉や欲や死生の葛藤」が、真であり、善であり、美であると、安吾は、当たり前のことのように、述べているだけなのです。

しかし、安吾が言う「人間の本質」こそまさに世阿弥、利休、芭蕉たちなどの偉大なる先人たちが求めてやまなかった人の道、芸術の道ではなかったでしょうか。

安吾も連綿と続く日本文化の偉大な継承者の一人なのです。

第10章 「孤独力」と「・ing」の死生観

青年期の孤独

今の私から想像できないかもしれませんが、私の青年期は孤独の連続でした。18歳で受験に失敗し、32歳で明治大学に職を得るまでの十数年は暗黒の孤独時代でした。

浪人したとき、予備校にもろくに通えなかった私は初めて「無所属」という孤独があることを知りました。初めて経験する**「何にも所属していない、何かにつながっていない」**という感覚は、人生経験の浅い青年の心には苛酷、強烈なものがありました。

にぎやかな家庭で育ったせいか、大学に合格した後、東京の下宿での一人暮らしは少しも快適ではありませんでした。**「宇宙の片隅で私だけが取り残されている」**という殺伐《さつばつ》とした感覚でした。

大学に入っても1〜2年はほとんど友達ができませんでした。人を拒絶しているつもりが人から拒絶されていました。意味もなく仲良く和気藹々《わきあいあい》としたイメージのあったサークルの存在に対してもなじめませんでした。本でも当時の流行《はや》り物は絶対読まないと意固地《いこじ》になっていました。

私は不機嫌の極致にいました。私は家庭では幼少期から大変ご機嫌な子供でした。それが大学浪人をきっかけにして一変したのです。私は青年期に虫酸《むしず》が走るような不機嫌のやるせなさを身に染みて体験したのです。

それだからこそ今、「上機嫌」という人生の技法を皆さんに、観念的ではなく実践的にお勧めしているのです。

三十過ぎまで定職に就《つ》けなかったこともあって、私は世間に対して「いまに見ていろ、絶対見返してやる！」と一人でキリキリといきり立っていました。私は自分の外部に何でもいい仮想敵国を作らなくてはいけないほどの制御しがたい「虎」を私の内部に飼っていたのです。

それはプライドでした。

〈プライドという虎〉

プライドの話になると、よく例に出すのは中島敦の『山月記』です。

主人公の李徴《りちょう》は自らの詩才を恃《たの》んでいましたが、それが世に出て人の評価にさらされることも一方で恐れていました。李徴はその引き裂かれた二律背反の気持ちに耐えきれず、山に入り、虎となってしまったのです。

李徴が栄達した同僚と山で遭遇したとき、有名な「臆病な自尊心と尊大な羞恥心」というフレーズが出てきます。（『山月記・李陵』中島敦　岩波文庫）

普通なら「尊大な自尊心と臆病な羞恥心」というところですが、ねじれ矛盾した組み合わせの形容がいかにも李徴の複雑な胸のうちを明らかにしています。

私も当時、まさに李徴の心境そのものでした。

青年期は誰もがそうだと思いますが、**まだ何者でもなかった不安な自分の中で「臆病な自尊心と尊大な羞恥心」が「虎」に変身し、唸《うな》り声をあげながら空回りしていたのです。**

李徴の自尊心は、他者との競争に打ち勝ち、他者からの称賛を栄養にするという他者の視点によってしか成り立たないものでした。

私の孤独も自らの「虎＝プライドの塊」が引き起こした自業自得なものでした。

〈孤独の中の読書〉

私は本の中に孤独の「同士」を探しました。

会津藩士・柴五郎の回顧録である『ある明治人の記録　会津人柴五郎の遺言』（石光真人編著　中公新書）、楽聖ベートーヴェンの『ベートーヴェンの生涯』（ロマン・ロラン　片山敏彦訳　岩波文庫）、ゴッホの『ゴッホの手紙』（硲伊之助訳　岩波文庫）など、「孤独と不幸の才能」にあふれた人たちの本を読み漁《あさ》りました。他にニーチェやゲーテ、小林秀雄や坂口安吾も読みふけりました。今思えば、皆名著や古典と言われるものばかりです。

その頃の孤独の中での読書が今の私を形作りました。

才能にあふれた孤高の偉人たちの言葉は、孤独に震えていた私の心を揺さぶり、酔わせ、満たしてくれました。まるで孤独の暗闇にさす一条の希望の光明のようでした。

偉大な先人たちと、時空を超えて、すぐそばにいるかのようにつながり、「リモート感覚」で親しく交信できるということの不思議さ、贅沢さに感動を覚えました。

私は生身の私の孤独感を癒《いや》すために、本を切り刻んで食べるように必死になって本を読み漁りました。本と七転八倒して格闘しました。**孤独感という強烈で切実な感情と、それを治癒するための真剣な読書体験は混然一体のアマルガムになって、今の自分の身体の襞《ひだ》の奥の奥まで練り込まれています。**

本というものは本来、頭ではなく身体で読むものです。私は身を切るような孤独のおかげで、身体に刻み込まれた本当の読書というものを学びました。

〈一人になる必要性〉

青年期の孤独には「一人になれる」という役得がついてきます。

孤独と「独居＝一人でいる」は違います。一人でいないときも孤独は感じます。

哲学者の三木清は『人生論ノート』の中で次のように述べています。

> 孤独というのは独居のことではない。独居は孤独の一つの条件に過ぎず、しかもその外的

な条件である。むしろひとは孤独を逃れるために独居しさえするのである。隠遁者《いんとんしゃ》というものはしばしばかような人である（『人生論ノート』三木清　新潮文庫）

孤独は山になく、街にある。一人の人間にあるのではなく、大勢の人間の「間」にあるのである。孤独は「間」にあるものとして空間のごときものである。「真空の恐怖」――それは物質のものでなくて人間のものである。（前掲書）

あえておおぜいの人の群れから離れて一人になることは、本当の意味での学びにつながります。ここで言う学びとは「自分自身の（再）発見」のことです。

青年期は積極的に孤独になるべきとも言えます。積極的に孤独を選び取る自覚的人間を「単独者」と呼びましょう。単独者のイメージは、ブッダの言葉として有名な「犀《さい》の角のようにただ独り歩め」です。

孤独の時間にいかに精神的な豊かさを培《つちか》ったかで、人間の魅力に差がつきます。孤独なときにこそ人は真の力を伸ばすことができます。

高く跳《と》ぶためには深く屈《かが》まなければなりません。深く屈む時期が青年期の孤独の時期です。

戦没学徒の林尹夫《ただお》が書いた『わがいのち月明に燃ゆ　一戦没学徒の手記』（筑摩書房）には「現在のぼくの孤独を、しっかり噛《か》みしめて、そこに沈潜《ちんせん》してみよう。これは深い意味を持つ孤独だ。独《ひと》りでいること、これこそ生の根源だ」というふうに「沈潜」という言葉が使われています。

沈潜もある意味、屈むことです。沈潜という言葉には、水の底深く潜っていき、そこでしばらく息を潜めながら、一人で実力を蓄えて浮上する機会を待つというイメージがあります。

「沈潜」は私の好きな言葉の一つです。

〈孤独は人格を作る〉

人との交流を求めているのに満たされなかったり、人に認められたいが認められなかったりするときの孤独感は「寂しさ」(loneliness) のことです。これは単なる感情で、消極的な孤独です。

その一方、**自覚に基づいた「単独者としての積極的な孤独」(solitude) は意志と知性に属します。**三木清は次のように言っています。

> 感情は主観的で知性は客観的であるという普通の見解には誤謬《ごびゅう》がある。むしろその逆が一層真理に近い。感情は多くの場合客観的なもの、社会化されたものであり、知性こそ主観的なもの、人格的なものである。真に主観的な感情は知性的である。孤独は感情でなく知性に属するのでなければならぬ。(『人生論ノート』三木清　新潮文庫)

孤独とはその人に深く根差した知性的で人格的なものです。その人の孤独のあり方がその人自身です。

孤独でないのに虚無のままの人がいます。孤独でも充実した人もいます。

青年期の孤独の時間は人格形成のための揺籃期《ようらんき》です。孤独を活用した青年期の人格形成のためのチャレンジ癖は、老齢期になっても生き残る習慣の一つです。

〈シニア期の孤独〉

シニア期の孤独は青年期のそれと比べて、様相が変わってきます。

青年期の孤独には、自己と他者（世界）との関係、自己と自己の内面との関わり方で捉えられる側面がありました。

また、自分の未来に向けた自己陶冶《じことうや》のための雌伏《しふく》の期間という意味合いもありました。

一方、**シニア期の孤独には、社会からの本格的な「離脱」に起因するものと、自分の人生の有限性、つまり「死」への実存的な不安に起因するものとがあります。**

社会からの離脱の面では、典型的な例としては会社組織における定年退職があります。

青年期にも前に述べた私の浪人時代のような「無所属」という状況はありましたが、それはあくまで一過性のものです。

定年退職とは、再就職や再雇用の道が残っていても、会社という共同体からの大きな節目としての離脱です。その先には「半永久的な無所属」が待っています。

社会的動物である人間は共同体から切り離され無所属にされることに大いなる不安を感じます。種族の小集団から離脱した者は生きていけないという原始時代の恐怖の名残《なごり》かもしれません。

会社を定年退職すれば、自ずと活動や交際の範囲が狭まっていき、人や社会とのつながりが減少していくことも孤独感の材料になります。

〈退職時のプライド〉

再び、ここでもプライドの問題が出てきます。

自分は定年退職なのに、同期の何某《なにがし》君は役員として会社に残ったとか、再雇用されたり再就職しても給料は激減するうえに自分より若い者に使われるとか、いわゆる「男のプライドが許さない」という状況下での自尊心の問題です。

日本の男性のプライドは「男らしさ」という価値観と密接につながっています。そして、「男らしさ」は孤独と直結しています。

日本では一人じっと黙って孤高を守る男性の姿は、男らしく、かっこいいという価値観を美化する傾向があります。

「沈黙は金」「以心伝心」「言わぬが花」「阿吽《あうん》の呼吸」「巧言令色鮮《こうげんれいしょくすくな》し仁《じん》」「不言実行」「男は黙って○○ビール」……。

これらは日本の社会が作り上げてきた「男らしさ」に関する無意識の共同価値観です。

日本の男は、男らしさというプライドを傷つけられると、孤独感をより強く刺激される仕組みの中に存在しているのです。

さて、定年退職の話です。第1章でも述べましたが、ここでは視点を変える必要があります。

定年退職を個人の問題ではなく「システム」の問題として高く広い目で捉えることです。

会社にしろ他の組織にしろシステムが機能・存続していくためには新陳代謝が必要です。自分が退職することによってシステム存続のために新陳代謝という役割を担い、システムに貢献していると考える。

退職も一つの「役割」「貢献」「贈り物」「パス回し」と考える。

同期の役員も遅かれ早かれ、代謝＝退社の対象になります。自分を使う若者もシステムの一要素としての役割として見切れば、腹も立たないでしょう。

スポーツでは、どんなに偉大な選手もやがて席を譲《ゆず》ります。

会社はシステムの一つですが、結局、小ぶりのシステム、小システムです。小システムの会社から離脱したとしても、社会、世界という広大無辺の大システムが待っています。

大システムの海原に勇躍乗り出すと考えれば、胸もときめくというものです。

〈森鷗外の「諦念」〉

定年は諦念《ていねん》です。諦念とは「諦《あきら》めの気持ち」のことです。

諦念は仏教用語で「道理を悟る心」ということを意味し、また「あきらめ」とは「あきらかに見る」という悟りの境地に通じています。

森鷗外は明治42年『Resignationの説』という文章を発表しました。

Resignation（レジグネーション）とは「諦念・諦め」のことです。

鷗外は文章の中で、自分の気持ちは、文芸ばかりでなく、どの方面においてもresignation、つまり諦念・諦めの心持ちだということを表明しました。

いわゆる諦めの哲学です。

森鷗外と言えば日本を代表する大文豪で、しかも時の陸軍軍医総監・陸軍省医務局長という陸軍軍医の中で現役最高位の地位についた超エリートです。作家としても組織の一員としても誰が見ても大成功をおさめた偉人の一人です。

その鷗外がなんと「諦念」とつぶやいているのです。自分自身のことを「意気地がないことだ」と自嘲気味に語っています。この発表以降、鷗外の書くものは明らかに「諦念・諦め」の色が濃くなってきたと言われています。

鷗外はResignationという言葉を借りて「社会の中では、個人は自分を主張するのではなく、与えられた社会的立場を引き受け、社会とうまく折り合いながら、しかも自分は失わないような生き方」を示しました。

〈鷗外の挫折〉

鷗外は組織人として実は大きな挫折《ざせつ》を繰り返してきました。

明治32年、38歳の働き盛りのとき、近衛師団軍医部長から九州小倉の第十二師団軍医部長への人事異動がありました。これには鷗外の文学活動に対する上司・同僚の批判・反発が招いた「左遷」であるという説があります。

「医務の仕事は忙しいはずなのに、あんなにたくさんの作品を書けるのは、業務の手を抜いているに違いない」という誹謗《ひぼう》中傷があったと言われています。（『あきらめの哲学　森鷗外』吉野俊彦　ＰＨＰ研究所）

また、鷗外は明治40年に晴れて陸軍軍医総監・陸軍省医務局長に就任しましたが、実は同じ地位についた同期生の小池正直に9年以上も遅れをとっていました。

鷗外の組織人としての挫折が「あきらめの哲学」を書かせた直接の要因かどうかは分かりませんが、なんらかの影響があったことは推測できるかもしれません。

あの鷗外にしても諦めの心境に行き着くのです。ましてや凡人凡夫たる私たちは、定年退職でおおげさに嘆いたり落ち込んだりすることはないのです。

鷗外の口吻《こうふん》に倣《なら》うと、**「社会のシステムの中で、定年退職という社会的役割を引き受け、次の社会のシステムとうまく折り合いながら、しかも自分は失わない生き方」を淡々と模索すればいいだけのことです。**

ちなみに「resignation」という言葉には「退職」という意味もあります。

〈死への不安からの孤独感〉

次に「死への不安からの孤独」について考えてみましょう。

60歳を超える頃から、私たちは多かれ少なかれ寿命ということを否応《いやおう》なく考えさせられるようになります。平均寿命や健康寿命という数字で死は計量的に表現されるようになり、壮年期では遠くに薄《う》っすら感じていた死を前にして具体的に数字を突きつけられると、ますますリアルに私たちに迫ってきて、不安が増していきます。

しかし、そもそも不意に襲ってくる死を前にして数字には大きな意味があるのでしょうか。

30歳で刑死した吉田松陰が残した言葉の現代語訳があります。

> 人の寿命には定まりがない。農事が必ず四季をめぐっていとなまれるようなものではないのだ。しかしながら、人間にもそれにふさわしい春夏秋冬があるといえるだろう。十歳にして死ぬ者には、その十歳の中におのずから四季がある。二十歳にはおのずから二十歳の

四季が、三十歳にはおのずから三十歳の四季が、五十、百歳にもおのずからの四季がある。
（『吉田松陰　留魂録《りゅうこんろく》』全訳注　古川薫　講談社学術文庫）

何歳で死のうが、寿命が長かろうが短かろうが、その人の生きた時間は、その人が全《まっと》うし、満ち足りた「全体」で、その人そのものなのです。寿命という数字の多寡《たか》は人生の価値には関係ありません。

そうは言っても一人寂しく旅立っていくそのときのことを想像したら、その寂寥《せきりょう》感、虚無感は並大抵《なみたいてい》のものではありません。死への不安が孤独感をいやましに醸成していきます。

しかし、そもそも、その不安という正体は何でしょう。

〈バーチャルな不安〉

解剖学者の養老孟司氏は、

「対象が明確な食欲や性欲を通常の欲望とすれば、金銭欲はメタ欲望である。諸々の具体的な欲望を満たす可能性への欲望だからだ。同じように、不安もメタ恐怖と言ってよい。恐怖は対象が明確だが、不安の対象は不明確だからだ。メタなるものは際限のない無間《むげん》地獄に陥る」という意味のことを述べています。（『まともな人』養老孟司　中公新書）

金銭欲のようなメタ欲望は「欲望の欲望」「欲望を欲望する」ということです。

お金さえあれば、食欲、買い物欲など具体的な欲望をかなえてくれる。お金は様々な欲望の胴元みたいなものですから、皆お金を欲しがるのです。

同じように不安は「メタ恐怖」です。

つまり、**不安とは「恐怖への恐怖」「恐怖を恐怖する」**ということです。

恐怖は対象がはっきりしていて、身の毛がよだつとか、足がガタガタ震えるとか、具体的な実体があるものです。

しかし、**不安は、まだ実現されていない恐怖を単に怖がっているだけですから、頭の中で作り上げた幻想です。幻想ですから、際限なく生産されてきます。**

恐怖はリアルですが、不安はバーチャル（仮想的）なのです。

三木清は次のように言っています。

「この無限の空間の永遠の沈黙は私を戦慄《せんりつ》させる」（パスカル）

孤独が恐しいのは、孤独そのもののためでなく、むしろ孤独の条件によってである。恰《あたか》も、死が恐しいのは、死そのもののためでなく、むしろ死の条件によってであるのと同じである。しかし孤独の条件以外に孤独そのものがあるのか。死の条件以外に死そのものがあるであろうか。その条件以外にその実体を捉《とら》えることのできぬもの、――死も、孤独も、ま

ことにかくの如《ごと》きものであろうと思われる。（『人生論ノート』三木清　新潮文庫）

〈自分の死を見たことのある人はいない〉

三木清が言う「孤独の条件」や「死の条件」の「条件」とは孤独や死そのものではなく、それらを取り巻く前提や状況と考えれば、パスカルの「この無限の空間の永遠の沈黙」と同じものを指すものと思われます。

人は孤独や死そのものを怖がっているのではなく、それらがもたらすであろうと想像される「永遠の沈黙」を怖がっているだけということになります。

養老孟司氏の「メタ」と三木清の「条件」は結局同じことを語っているのです。

私たちは何かにつけ、「そのもの」を怖がっているのではなく、そのものの「影」（「メタ」や「条件」）に怯《おび》えているだけなのです。

中国古代の杞《き》の国の人が、天が落ちてこないかと心配したという故事からできた「杞憂《きゆう》」という言葉があります。私たちは「影」におびえて、杞憂の状態になる必要はありません。

ギリシアの哲学者エピクロスは次のような言葉を残しています。

「死はなんでもない。我々が生きている限り死んでいないのだから、死は存在しない。我々が死んだら、そのときは我々は存在しない」

孔子は『論語』で「未《い》まだ生を知らず、焉《いずく》んぞ死を知らん」と言っています。

死や孤独の不安は、ただの幻想、ただの影、ただの観念です。
そう高をくくって笑い飛ばしていたほうが断然生きやすいと思います。

〈無病息災より一病息災〉

私は若いときから死生観というものに興味を持っていました。林尹夫の『わがいのち月明に燃ゆ』や『きけわだつみのこえ』など戦場で亡くなった学徒兵が書き残したものをよく読んでいました。

学徒兵たちは自分たちが確実に死ぬことが分かっていても、最後の日まで思索や勉強を続けていました。若くして覚悟のうえで死地に赴《おもむ》く彼らの気高い精神性には学ぶべきものがありました。

私も死をしっかり見つめて、自分の生を真剣に生きようと思い、武士道を勉強し、武道も習いました。

そこで出会ったのが呼吸法で、息を吸って吐くことはいわば生死の小さな繰り返しでしたので、その後、そのような呼吸法の考え方は生きていくうえで大変参考になりました。

私は働き盛りの45歳のとき、大きな病気をしました。そのときは死を覚悟しましたが、運よく助かった私はその後を「余生」と考えるようになりました。

死の意識は生を強烈に照射します。大きな病気は生き直すきっかけを与えてくれます。

無病息災《むびょうそくさい》とは、病気一つすることなく、健康で元気に暮らすことですが、一方、病気をすることで、その後身体に気をつけたり生き方を見直したりすることを「一病息災」と言います。私の場合がその一病息災です。

良寛は「災難に逢《あ》う時節には災難に逢うがよく候、死ぬ時節には死ぬがよく候、是《これ》はこれ災難をのがるる妙法にて候」と書き残していますが、災難や死を病気と言いかえると、この言葉がより身近に感じると思います。

あなたが病気に遭遇するときは、それがあなたのタイミングだから素直に遭遇すればよい。実はそれが病気を回避する絶妙な方法なのです。

〈「ing」の死生観〉

あと何年生きられるかは誰も分かりません。死は不意に訪れるからです。

兼好法師は『徒然草』で、

「四季は、猶《なほ》、定まれる序《つい》で有《あ》り。死期《しご》は、序《つい》でを待たず。死は、前よりしも来《きた》らず。予《かね》て、後《うし》ろに迫れり。人皆《ひとみな》、死有《あ》る事を知りて、待つ事、しかも急《きふ》ならざるに、覚えずして来《きた》る。沖の干潟《ひかた》、遥《はる》かなれども、磯《いそ》より潮《しほ》の満つるが如《ごと》し」（第百五十五段）（『徒然草』兼好　島内裕子校訂訳　ちくま学芸文庫）

と、死は前からやって来るのではなく、知らないうちに後ろから来ると喝破《かっぱ》しています。

56歳で亡くなったアップルの創始者のスティーブ・ジョブズは、毎朝、鏡に映った自分に向かって「今日が人生最後の日だったら、私は今日しようとしていることをしたいと思うだろうか？」と問いかけていました。（スタンフォード大学卒業式でのスピーチ）

ジョブズは毎日、不確定な死に真剣に向かい合いながら、だれもが認めるすばらしい仕事を成し遂げていったのです。

私もいつ終わりが来てもかまわないという淡々とした感覚を持っています。

そういう気持ちで私は大病をしたときから現在まで立ち止まらずに、好きなこと、新しいこと、偏愛することにチャレンジし続けています。

このままずっと現在進行形の「ｉｎｇ」であり続け、何かに打ち込んでいる途上で、ふと終わりが迎えられればいいなと思っています。

そして死ぬ瞬間は上機嫌で笑いながら、軽くスッと事《こと》切《き》れるのが私の理想です。

〈何かに熱中しているうちに「時」が来る〉

私は「偏愛マップ」を通して皆さんに偏愛のよさを広めています。

偏愛マップとは、自分が大好きなことを、できるだけ具体的に、箇条書きではなく、紙の上に地図を描くように落とし込むことによって自分自身を再発見するメソッドのことです。

どんな人にも必ず偏愛する対象はあります。**何かを偏愛し、それに無我夢中で熱中していて、**

知らない間に「時」が来る。幸せの一つの形ではないでしょうか。

熱中については『フロー体験　喜びの現象学』の著者ミハイ・チクセントミハイが「フロー」という言葉で表現しています。

フローとは、スポーツ選手がよく「ゾーンに入った」と表現している一種の忘我状態と同じことです。やっていることに完全に浸りきり、精力的に集中している状態です。

フローが起こる条件の一つは「挑戦レベルと自分の能力レベルが高い位置で一致したとき」ですから、あまり無理しないためにも、覚えておいたほうがいいでしょう。

偏愛し熱中できるものは自分を元気にします。そのためにたとえば**「自分が元気になる20のチェック項目」**を作っておくのがいいでしょう。

「卓球」「スナック」「餃子」「緑茶」「犬」「石」など自分が元気になると思えるアイテムを書き留めておくのです。何でもいいのです。

基準は「自分が面白いか、楽しいか」だけ。他人に理解してもらわなくていい。

私は餃子を偏愛しています。本物の餃子好きなら「餃子なら何でも好き」の地点まで行ってほしいものです。たとえはちょっと変ですが、目指すのは「女というだけで要件はすでに半分満たしている」というほどの女好きである『カラマーゾフの兄弟』の三兄弟の父、フョードルと同じ境地です。

「好き」については誰にも遠慮はいりません。

〈元気の源は、アウトプットすること〉

エネルギーは「出す」と「入れる」の循環で成り立っています。循環そのものがエネルギーといってもいいくらいです。

「だるい」と感じるのはエネルギーの不足ではなく、逆に循環が停滞して、エネルギーが局所的にあふれている状態になるからです。

人のエネルギーには「エネルギーは使えば使うほど、後からあふれ出てくる」という原理があると私は思っています。

「出すこと」(アウトプット)をまず優先してください。本で読んだことを人に話したり、レビューに書いたりするのも立派なアウトプットです。

読んだことをアウトプットすると、読んだ内容が記憶に強く定着するというオマケもついてきます。

アウトプットとは、自分を表現することでもあります。

表現とは、自己の外化、解放、燃焼です。

自伝、小説、俳句、短歌、川柳など文章を書いて、投稿するのもいいでしょう。永井荷風の『断腸亭日乗』のように日記を書くのもいいと思います。絵を描く、カラオケで歌を歌う、プラモデルを作る、ペットの世話をする、楽器を演奏するのもいいでしょう。私はちなみに50歳の時チェロを習い始めました。

人から見て偏《かたよ》っていても、自分が心から大好きで、熱中できて、フローの状態で時間が忘れられるものだったら、何でもいいのです。

〈好きなことをやることは、残される人への贈り物〉

部屋の模様替えも表現の一つです。

部屋をキャンバスに見立て、インテリアとしてエルメスのスカーフを額装するとか、自分の本棚があれば、本の並び替えをしたりして、自分の知性や知識の「編集」をするのもアリです。

職人になったつもりで手を使った仕事をするのもお勧めです。また、語学に自信のある人は翻訳をするのもいいでしょう。今まで手をつけていないジャンルの読書もワクワクします。

しかし、何事もあまりきっちりと計画を立てず、余裕（空白）を持たせてください。

なぜかというと「幸福な偶然性」を味方にしてほしいからです。

幸福な偶然のことをセレンディピティと言います。

偶然をとりあえず受け入れ（積極的受動性）、それが幸運につながるかもしれないというオープンで前向きな感受性と身体を持ってほしいのです。

人や物事に関して新しい何かとの出会いの予感に心をときめかせてください。迫り来る息苦しい「死という必然」に対抗するためにも「偶然の力」を大切にしてほしいのです。

皆さんには自分が好きなように生きてほしいのです。

残される人たちに「あの人は好きなように生きたのだから、それでよかった」と安心させ、納得してもらうような生き方が残される人たちへの最後の贈り物だと思うからです。

残される人はあなたから「安心」と「永遠の心のつながり」というプレゼントを受け取るのです。

〈偉人たちの「ing」〉

私の好きな偉人の中には生死の「ing」を成し遂げた人がいます。その何人かをご紹介しましょう。水先案内人は『人間臨終図巻』（徳間書店）を書いた山田風太郎です。『人間臨終図巻』という本は、歴史上の武将、政治家、芸術家、作家、芸能人など900人あまりの著名人の臨終の様子を死亡した年齢順にまとめたものです。

〈良寛　「貞心尼との愛を最後まで貫く」〉

まずは良寛（1758〜1831）です。良寛は越後出雲崎《いずもざき》の名主の長男に生まれ、22歳のとき出家して故郷を去りました。38歳のときに帰郷し、「五合庵」と名づけた庵《いおり》に住み、托鉢《たくはつ》と子供らとの遊戯に多くの歳月を過ごしました。良寛の純粋で天真爛漫な人柄、歌や書は子供だけでなく村のすべての人から愛され尊敬されました。

晩年、良寛は彼を慕う貞心尼《ていしんに》と交際を始めました。
良寛70歳、貞心尼30歳のときです。最初良寛は、弟子になりたいという貞心尼に会おうとしませんでした。貞心尼は手毬《てまり》と歌を残して帰ります。

「これぞこの仏の道に遊びつつつくや尽きせぬ御法《みのり》なるらむ」

それに対して良寛は歌を返しました。

「つきてみよ一《ひ》二《ふ》三《み》四《よ》五《い》六《む》七《な》八《や》九《ここの》十《とを》十《とを》と納めてまた始まるを」

初めて良寛に会うことになった貞心尼は、会ったときの喜びを素直に歌にしています。

「君にかくあひ見ることのうれしさもまだ覚《さ》めやらぬ夢かとぞ思ふ」

それに対して良寛は次のように詠《うた》いました。

「夢の世にかつまどろみて夢をまた語るも夢もそれがまにまに」

良寛が死ぬまでの数年間、良寛と貞心尼はお互いを慈《いつく》しみ、労《いた》わり合う時期を過ごしました。
山田風太郎は良寛の臨終について次のように語ります。

> 文政十三年七月、良寛は暑気当りか烈しい下痢を患《わずら》った。病状は夏から秋へ、また冬にかけて一進一退した。大腸ガンではなかったかといわれる。(中略)
>
> 暮れに見舞いに来ていた弟の由之《よしゆき》も、大晦日《おおみそか》の所用のため、介抱を貞心尼に依頼して去った。貞心尼は精根をかたむけて看病したが、良寛の病状はさらに重くなっていった。彼

女は絶望のあまり口ずさんだ。

「生き死にの界《さかい》離れて住む身にも避《さ》らぬわかれのあるぞかなしき」

すると、昏睡状態にあった良寛が眼をあけて、

「うらを見せおもてを見せて散るもみじ」

と、細くつぶやいた。「うら」とは、自分の醜態のことをみずから笑ったのである。しかしさすがの良寛もこの句は借用であった。

明けて天保二年一月六日、雪ふりしきる越後の夕《ゆうべ》、大愚良寛はしずかにこの世から去った。

「おなやみもなく、ねむるが如く座化したまう」と貞心は記す。

あは雪の中《なか》に立ちたる三千大千世界《みちおほち》
またその中に沫雪《あわゆき》ぞ降る
——良寛——

(『人間臨終図巻　下巻』山田風太郎　徳間書店)

良寛にとって、晩年に貞心尼と出会ってから死ぬ直前まで、まさしく「ｉｎｇ」の人生でした。

貞心尼と歌を詠みながら慈しみ合い、また仏道にも精進《しょうじん》し没入している間に、「時」が来たという感じです。子供のように純真無垢《むく》な良寛の魂は貞心尼の愛によって最後の輝きを得たの

です。

山田風太郎は、貞心尼がいなければ、自分では後世に何も残そうとしなかった良寛の歌や書は現在まで伝わってなかったと書いています。

〈葛飾北斎「せめてあと五年の命」〉

次は葛飾北斎（１７６０〜１８４９）です。

北斎はフランスのゴッホなどの印象派の画家をはじめ様々な芸術家に影響を与え、ジャポニズムの風を吹かせた世界的な画家です。代表作には芸術性の高い『富嶽三十六景』から大衆的な『北斎漫画』まで幅広くありますが、とにかく何から何まで天地万物を貪欲《どんよく》に描き、生涯に３万点を超える作品を発表しました。

山田風太郎は、どんなに年老いても絵への情熱を失わない北斎の姿を伝えています。

> 天保五年、七十四歳で「富嶽百景」を発表したとき、彼は述べている。
> 「己《おのれ》六歳より物の形状《かたち》を写すの癖《へき》ありて（中略）七十三歳にしてやや禽獣虫魚の骨格、草木の出生を悟り得たり。ゆえに八十歳にしてはますます進み、九十歳にしてなお奥意を極め、一百歳にしてまさに神妙ならんか。百有十歳にしては一点一格にして生くるがごとくならん。願わくは長寿の君子《くんし》余が言の妄《もう》ならざるを見給うべし」

八十歳になったとき、百まで生きることを目標として、「百」という印章を用いはじめた。八十五歳のとき、自分の長寿薬として「竜眼肉《りゅうがんにく》（むくろじ科の木《こ》の実）皮を去り、目方六匁《もんめ》、太白《たいはく》砂糖八匁、極上焼酎一升壺に入れ、よくよく封をし、日数六十日おきて朝夕猪《ちょ》口《く》にて二つずつ」用いていることを述べている。（中略）嘉永二年四月の中ごろ、しかし彼も風邪をひいて、浅草聖天《しょうでん》町遍照院《へんじょういん》境内《けいだい》の裏《うら》店《だな》で床についた。枕頭《ちんとう》に集まった、老いたる娘お栄をはじめとする数人の弟子たちが、臨終の迫っていることを彼に告げた。

　ひと魂《だま》でゆく気散じや夏の原

と、彼は辞世を詠み、

「あと十年は生きたいが……せめてあと五年の命があったら、ほんとうの絵師になれるのだが」

と、つぶやき、大息を一つついて息をひきとった。四月十八日朝七ツ時（午前四時ごろ）であった。（前掲書）

北斎は生涯に93回も引っ越しをしました。山田風太郎は次のように記しています。

「その間常に彼は、夜具を頭からかぶって飯櫃《めしびつ》の上で絵をかくといった赤貧の生活をつづけた。それでも彼は、ただひたすら描きつづけた。甘いものは好んだが、酒も煙草ものまず、老

いては朝起きてからすぐ仕事をはじめ、夜蕎麦《そば》一杯を食べるだけであった」（前掲書）

数が多いのは引っ越しだけではありません。改号も30回したと言われています。

「春朗」「宗理」「百琳」「雷斗」「不染居」「画狂老人」「月痴老人」「卍」など多彩です。

北斎の金銭感覚は「宵越《よいご》しの金は持たない」という江戸っ子の気質そのもので、彼の絵の報酬は相場の倍ほどでしたが、金に無頓着で貯めるということがなく、いつも赤貧状態だったと言われています。

90歳の臨終間際になっても、「せめてあと五年の命があったら、ほんとうの絵師になれるのだが」と悔しがる北斎の姿はこれも「ing」です。

私たちの眼から見て北斎はまさに「ほんとうの絵師」なのですが、自分の中の「ほんとうの絵師」を目指して、寝食を忘れて絵を「偏愛」し、死ぬまで向上心をもって絵に没頭する姿勢は私たちのお手本です。

〈勝海舟「コレデオシマイ」〉

最後は、勝海舟（１８２３〜１８９９）です。

勝海舟は、若い頃から剣術・禅を学び、直心影流《じきしんかげりゅう》剣術の免許皆伝も得た幕末の幕臣です。

蘭学を学び、安政の改革で才能を見出され、長崎海軍伝習所に入所。万延元年、咸臨丸《かんりんまる》で渡米、帰国後に軍艦奉行並となり、神戸海軍操練所を開設。戊辰《ぼしん》戦争のときには、幕府軍の軍事総裁となり、江戸城無血開城を主張し、実現させました。明治維新後は参議、海軍卿、枢密顧問官を歴任し、伯爵に叙せられました。

明治三十一年暮に、海舟は訪問客に、

「おりゃ、もう十日もたって明年になれァ七十七になるよ。人生七十古来稀《まれ》というが、その古稀《こき》より七つも余計に生きたよ。まだ身体に別状はないが、何となく死ぬときが近づいたような気がするよ。死んだときは、きっと夢がさめたときと同じようなものだろうよ」

といい、客が先生の銅像を建てたいと思っている、というと、

「銅像なんか、時勢の変りようで、いつ大砲や銃砲の弾に鋳《い》られるかわかりゃしない。そんなつまらないことをするより、その費用の三割でいいから、いまのうち金でもらいたいよ」

と、大笑した。

その翌年一月十九日午後五時ごろ、常のごとく入浴した海舟は、風呂から上ると坐りこんで、「胸が苦しいからブランデーを持って来い」と家人に命じ、それをグラスにいれて、「こんどはどうもいけないかも知れんぞ」といって、一口飲んだとたん、倒れて意識を失った。脳溢血であった。

彼が息をひきとったのは二十一日の午後五時であった。

旧幕臣の戸川残花は、「トノサマシヌスグコイ」という電報で赤坂氷川《ひかわ》の勝邸に駈けつけた。

「（中略）傍に頭巾をいただける老媼あり。すなわち先生の令妹（順子）にして、佐久間象山先生に嫁したる人なり。何《なん》にも申しませんが、ただ『コレデオシマイ』と申しました、と語れり」

さすがは生涯人を食った海舟で、人間最後の言葉の中の最大傑作。

海舟が死んだとき、海軍大臣は山本権兵衛であった。彼は若いとき勝家に食客となり、海軍に入るきっかけを作ってもらった縁もあり、海軍省に海舟の銅像を建てようと提案したが、海舟が銅像など馬鹿にしていたと聞いて、この計画をとりやめた。（前掲書）

勝海舟の場合も、死んでも「ｉｎｇ」（現在進行形）です。

勝海舟の「銅像への嫌悪感」は勝の死後、山本権兵衛の行動に「ｉｎｇ」で影響を与え、銅像建立はなくなりました。

そして勝は、古典的名著『氷川清話』という形で、今でも「ｉｎｇ」の進行形で私たちに影響を与え続けています。

山田風太郎が「人間最後の言葉の中の最大傑作」と絶賛しているように、「コレデオシマイ」精神で、私たちも、存分に生きて、存分に死んでいきたいものです。

「コレデオシマイ」

あとがき

新型コロナ禍《か》のもと、「不要不急」という言葉がクローズアップされました。

友人との外食や飲み会、楽しみのための旅行、ウインドウ・ショッピング、映画鑑賞、観劇、カラオケ、趣味の集まり……。

通院や買い物など生存と生活に必要な用事やお金を稼ぐための経済活動以外はすべて「不要不急」の部類に入ります。

「不要不急」なものはと言えば、この本で取り上げた文化や伝統をはじめ、身体感覚、古典、読書、人とのコミュニケーション、雑談、趣味、美意識などもそうかもしれません。

そして「不要不急」の最たるものは、まさにこの本の主役の登場人物、「円熟した大人」でしょう。

しかし、余儀なく「不要不急」なものを我慢しながら何カ月かを過ごしてみて、皆さんの中で腑に落ちたことは、

「不要不急なものは、実は人間にとって必要欠くべからざるものである」

という確信ではないでしょうか。

気の置けない友人との対面での他愛のない雑談の満足感はリモートの画面ではけっして十

全には得られません。繊細な息づかいや微妙な空気感などが交差する「身体的な場」が共有できていないからです。

人間というものは「不要不急」なものがなくても「生き物としては」生きてはいけますが、「人間としては（人間らしく）」生きていけなくなるのです。

「不要不急」と言われているものがもしもこの世からなくなってしまったら、人は「生きた実感」が得られなくなるのです。

その理由は本書の至るところに記されています。

「不要不急」という言葉の他に、「命か、経済か」というフレーズがあります。

医療体制を充実させてコロナを撲滅《ぼくめつ》し人の命を守ることを優先するか、それよりも経済をいち早く回復させて回していくことを先決にするかという二者択一の議論のことです。

このような二項対立構造は、問題点が明確に設定され一見分かりやすく見えますが、ほとんどが不毛な水掛け論に陥る運命にあります。

なぜなら、そもそも多くの場合、対立する項同士はお互いに「含み／含まれ」の関係にあるからです。

命や医療にも経済的な側面があり、経済の側面にも人間の命に関わる部分があるからです。

そのようなものごとの機微を冷静に客観的に見抜くことができるのが、「不要不急の人」である円熟した大人たちです。

そして、「中庸《ちゅうよう》の力」を以て、対立した二項同士の矛盾を乗り越え、手と手を携《たずさ》えさせ、上機嫌に和解させるのが円熟した大人の役目なのです。

この本では、その中庸の技もいろいろなところにちりばめてみました。

最後に「ウイズ・コロナ」という言葉です。

『コロナ後の世界を語る　現代の知性たちの視線』（朝日新聞社編　朝日新書）の中で生物学者の福岡伸一氏が次のように語っています。

「進化の結果、高等生物が登場したあと、はじめてウイルスは現れた。高等生物の遺伝子の一部が、外部に飛び出したものとして。つまり、ウイルスはもともと私たちのものだった」

「かくしてウイルスは私たち生命の不可避な一部であるがゆえに、それを根絶したり撲滅したりすることはできない。私たちはこれまでも、これからもウイルスを受け入れ、共に動的平衡を生きていくしかない」

福岡氏は、ウイルスはもともと人間の一部であり、人間もウイルスも同じ自然の仲間だから、ロジックの申し子である科学や医学を駆使してウイルスを排撃しても無駄な話で、遅かれ早かれお互いに共生していく道を選ぶのが賢明であると論じているのです。

本書にも書きましたように、円熟した大人は、昨今の「ロジックと頭脳」偏重時代の中で、身体性＝生命＝自然を大切にします。

円熟した大人は、計画や計算、合理性を武器とした「ロジックと頭脳」ではけっしてコントロールできないもの、理解の範囲を超えるもの、つまり、人間の身体、生命、生老病死《しょうろうびょうし》、自然、天変地異などに対して、むやみに恐れたり排除したり対立構造を作ったりはしません。

「積極的受動性」と「中庸の精神」を以てそれらを平和裡《り》に受け入れます。

そして懐《ふところ》の深さを以て優しく共生（ウイズ）していく道を上機嫌で模索していきます。

アンチでもアフターでもない。円熟した大人はいつもウイズなのです。

この本に書かれた円熟した大人の生き方が、年齢や世代を超えて必ずや今後の「ウイズ・コロナ」時代の生き方全般の参考になることを期待しています。

２０２０年11月

齋藤　孝

○『茶　利休と今をつなぐ』　千宗屋／新潮新書

○『墜落論・日本文化私観　他二十二篇』　坂口安吾／岩波文庫

○『別冊　NHK「100分de名著」「日本人」とは何者か？』　松岡正剛・赤坂真理・斎藤環・中沢新一／NHK出版

○『現代語抄訳　言志四録』　佐藤一斎　（編訳）岬龍一郎／PHP研究所

○『氷川清話　付　勝海舟伝』　勝海舟　（編）勝部真長／角川ソフィア文庫

○『吉田松陰　留魂録』（全訳注）古川薫／講談社学術文庫

○『陰翳礼讃』　谷崎潤一郎／中公文庫

○『わがいのち月明に燃ゆ』　林尹夫／筑摩書房

○『「待つ」ということ』　鷲田清一／角川選書

○『ことばと思考』　今井むつみ／岩波新書

○『脳を創る読書　なぜ「紙の本」が人にとって必要なのか』　酒井邦嘉／実業之日本社

○『居るのはつらいよ　ケアとセラピーについての覚書』　東畑開人／ 医学書院

○『ネガティブ・ケイパビリティ　答えの出ない事態に耐える力』　帚木蓬生／朝日選書

○『DREAMS　夢への道のり』　J－WAVE編／ぺんぎん書房

○『荘子　第一冊（内篇）』　荘子　（訳注）金谷治／岩波文庫

○『荘子　第三冊（外篇・雑篇）』　荘子　（訳注）金谷治／岩波文庫

○『「縮み」志向の日本人』　李御寧／講談社学術文庫

○『社会認識の歩み』　内田義彦／岩波新書

○『忘れられた日本人』　宮本常一／岩波文庫

○『コロナ後の世界を語る　現代の知性たちの視線』　朝日新聞社編／朝日新書

○『アイデアのつくり方』　ジェームス・W・ヤング／CCCメディアハウス)

○『論語と算盤』　渋沢栄一／角川ソフィア文庫

○『ペスト』　カミュ　（訳）宮崎嶺雄／新潮文庫

○『山月記・李陵』　中島敦／岩波文庫

○『追補　精神科診断面接のコツ』　神田橋條治／岩崎学術出版

○『ゲーテとの対話　上・中・下』　エッカーマン　（訳）山下肇／岩波文庫

○『表徴の帝国』　ロラン・バルト　（訳）宗左近／ちくま学芸文庫

○『遊びと人間』　ロジェ・カイヨウ　（訳）多田道太郎・塚崎幹夫／講談社学術文庫

参考文献

○『読書について』 小林秀雄／中央公論新社

○『常識について』 小林秀雄／角川文庫

○『人間の建設』 小林秀雄・岡　潔／新潮文庫

○『評価と贈与の経済学』 内田樹・岡田斗司夫FREEex／徳間書店

○『日本人の美意識』 ドナルド・キーン （訳）金関寿夫／中公文庫

○『人生論ノート』 三木清 ／新潮文庫

○『「いき」の構造　他二篇』 九鬼周造／岩波文庫

○『風姿花伝・三道　現代語訳付き』 世阿弥 （訳注）竹本幹夫／角川ソフィア文庫

○『風姿花伝・花鏡』 世阿弥 （編訳）小西甚一／タチバナ教養文庫

○『あきらめの哲学　森鷗外』 吉野俊彦／PHP研究所

○『努力論』 幸田露伴／岩波文庫

○『徒然草』 兼好 （校訂訳）島内裕子／ちくま学芸文庫

○『中空構造日本の深層』 河合隼雄／中公文庫

○『人間臨終図巻　下巻』 山田風太郎／徳間書店

○『幸福論』 アラン （訳）神谷幹夫／岩波文庫

○『沢庵　不動智神妙録』 沢庵宗彭 （訳）池田諭／徳間書店

○『兵法家伝書　付・新陰流兵法目録事』 柳生宗矩 （校注）渡辺一郎／岩波文庫

○『ツァラトゥストラ』 ニーチェ （訳）手塚富雄／中公文庫

○『この人を見よ』 ニーチェ （訳）西尾幹二／新潮文庫

○『人とつき合う法』 河盛好蔵／新潮文庫

○『エスプリとユーモア』 河盛好蔵／岩波新書

○『日本語　新版 （下）』 金田一春彦／岩波新書

○『日本人の言語表現』 金田一春彦／講談社現代新書

○『人間の土地』 サン=テグジュペリ （訳）堀口大學／新潮文庫

○『まともな人』 養老孟司／中公新書

○『「奥の細道」をよむ』 長谷川櫂／ちくま新書

○『NHK「100分de名著」ブックス　松尾芭蕉　おくのほそ道』 長谷川櫂／NHK出版

○『語彙力こそが教養である』　齋藤孝／角川新書

○『孤独のチカラ』　齋藤孝／新潮文庫

○『50歳からの孤独入門』　齋藤孝／朝日新書

○『呼吸入門』　齋藤孝／角川文庫

○『自然体のつくり方』　齋藤孝／角川文庫

○『「型破り」の発想力』　齋藤孝／祥伝社

○『日本人は何を考えてきたのか　日本の思想1300年を読みなおす』　齋藤孝／祥伝社

○『幸田露伴「努力論」　小さな努力で「人生の幸福」を増やす法』（訳・責任編集）齋藤孝／イースト・プレス

○『宮沢賢治という身体　生のスタイル論へ』　齋藤孝／世織書房

○『死ぬ瞬間　死とその過程について』 エリザベス・キューブラー・ロス　（訳）鈴木晶／中公文庫

○『フロー体験　喜びの現象学』ミハイ・チクセントミハイ　（訳）今村浩明／世界思想社

○『身体感覚を取り戻す　腰・ハラ文化の再生』 齋藤孝／NHKブックス

○『齋藤孝の聞く力』 齋藤孝／だいわ文庫

○『座右のゲーテ　壁に突き当たったとき開く本』 齋藤孝／光文社新書

○『座右のニーチェ　突破力が身につく本』 齋藤孝／光文社新書

○『上機嫌の作法』 齋藤孝／角川oneテーマ21

○『不機嫌は罪である』 齋藤孝／角川新書

○『読書する人だけがたどり着ける場所』 齋藤孝／SB新書

○『読書力』 齋藤孝／岩波新書

○『古典力』 齋藤孝／岩波新書

○『質問力』 齋藤孝／ちくま文庫

○『退屈力』 齋藤孝／文春新書

○『論語』 孔子　（訳）齋藤孝／ちくま文庫

○『すごい会話力』 齋藤孝／講談社現代新書

○『コミュニケーション力』 齋藤孝／岩波新書

○『雑談力が上がる話し方　30秒でうちとける会話のルール』 齋藤孝／ダイヤモンド社

○『「頭がいい」とは、文脈力である。』 齋藤孝／角川文庫

○『大人の精神力』 齋藤孝／ベスト新書

○『人生後半の幸福論　50のチェックリストで自分を見直す』 齋藤孝／光文社新書

○『55歳からの時間管理術　「折り返し後」の生き方のコツ』 齋藤孝／NHK出版新書

○『人生は「2周目」からがおもしろい　50歳から始める〝知的向上感〟の育て方』 齋藤孝／青春出版社

○『年を取るのが楽しくなる教養力』 齋藤孝／朝日新書

○『齋藤孝60歳が毎日やってる!「一生サビない脳」をつくる生活習慣35』 齋藤孝／ビジネス社

○『可動域を広げよ』 齋藤孝／日経プレミアシリーズ

○『悔いのない人生　死に方から生き方を学ぶ「死生学」』 齋藤孝／SB新書

○『偏愛マップ　キラいな人がいなくなるコミュニケーション・メソッド』 齋藤孝／NTT出版

○『声に出して読みたい日本語　1〜4』齋藤孝／草思社

齋藤孝（さいとうたかし）

1960年静岡県生まれ。東京大学法学部卒業。東京大学大学院教育学研究科博士課程を経て、現在、明治大学文学部教授。専門は教育学、身体論、コミュニケーション論。著作は『声に出して読みたい日本語』（草思社）、『身体感覚を取り戻す　腰・ハラ文化の再生』（NHKブックス）、『座右のニーチェ』『座右のゲーテ』（共に、光文社新書）、『読書力』『古典力』『コミュニケーション力』（以上、岩波新書）、『上機嫌の作法』（角川oneテーマ21）、『雑談力が上がる話し方　30秒でうちとける会話のルール』（ダイヤモンド社）、『50歳からの孤独入門』（朝日新書）、『読書する人だけがたどり着ける場所』（SB新書）など多数。NHK Eテレ「にほんごであそぼ」総合指導。

60歳からの生き方哲学

円熟した大人の作り方

2020年11月22日　初版第1刷発行

著者　齋藤孝

発行者　池田圭子

発行所　笠間書院

〒101-0064
東京都千代田区神田猿楽町2-2-3
電話03-3295-1331
FAX03-3294-0996

ISBN978-4-305-70931-8

アートディレクション－細山田光宣
装幀・デザイン ―― 鎌内文、鈴木沙季（細山田デザイン事務所）
編集協力 ―――― 千葉潤子
本文組版 ―――― キャップス
印刷／製本 ――― 大日本印刷

https://kasamashoin.jp